THE HUMAN
心理摩擦力
ELEMENT

為何人們抗拒改變？
不是你不努力，是你不懂人性阻力

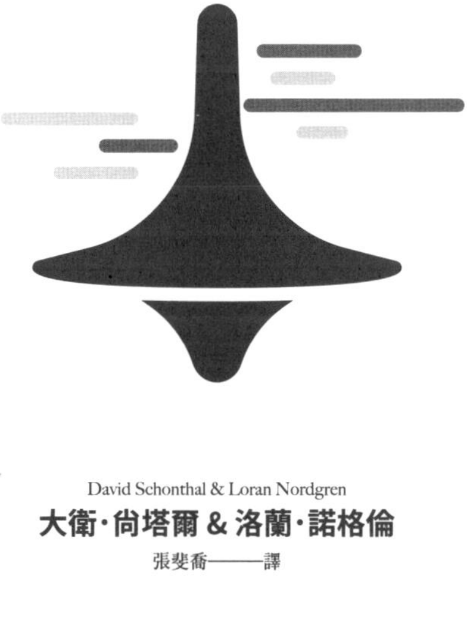

David Schonthal & Loran Nordgren
大衛·尚塔爾 & 洛蘭·諾格倫
張斐喬——譯

suncolor
三采文化

獻給艾琳與艾莉森

各界推薦

即便顧客知道某個新的產品或服務能大幅改善生活或事業，為什麼他們還是很難接受與採用？本書破解了這個謎團，說明四種阻礙創新的心理摩擦力，並提供企業家克服這些摩擦力的洞見和工具。對於想加速推動顛覆性創新的業主或創新者，本書必讀。

——史蒂夫．布蘭克（Steve Blank），精實創業運動創始人

行銷人士為了讓顧客接受新的產品或服務，總是輕易把重點放在宣揚功能、好處或促銷上。但事實證明，這只是成功行銷方程式的其中一半。本書對行銷界至關重要，它點出了四大阻止消費者接受新事物的心理摩擦力，不僅教導讀者如何預先找出問題，更重要的是，還告訴我們如何克服。對於任何想開創新局的人，本書非讀不可。

——菲利普．科特勒（Philip Kotler），現代行銷學之父

本書引人入勝，講述如何敞開他人心房。一位作者是卓越的心理學家，另一位則是企業界鬼才，他們攜手合作，從科學和實務的角度清楚說明如何說服他人放下對現狀的執著。如果你曾遇到別人拒絕你的創新觀點，或是抗拒有建設性的變革，並為此感到受挫，本書很可能正是你需要的。

——亞當．格蘭特（Adam Grant），《逆思維》作者

成功創新的關鍵，在於讓人採用你的產品或服務。讓本書為你提供指引吧。

——亞歷山大．奧斯瓦爾德（Alexander Osterwalder），《獲利世代》作者

是什麼樣的無形力量，讓我們對創新拚盡全力，卻還是進展緩慢，甚至停滯不前？尚塔爾和諾格倫點出四個從中作梗的「心理摩擦力」，並告訴我們解決之道。《心理摩

擦力》充滿洞見，非常適合讓設計師、創新者、主管等相關人士當作參考。

——湯姆．凱利（Tom Kelley），《創意自信帶來力量》作者

還好世界上有摩擦力，才讓開車成為可能。但行駛在「創新」這條高速公路上時，摩擦力卻令人窒息。尚塔爾和諾格倫在《心理摩擦力》中主張，雖然加大引擎可以讓創意升級，但減少摩擦力才是關鍵祕方。若想發展有創意又有影響力的點子，這本精美優雅的書絕對是不可或缺的嚮導。

——伊萊．芬克爾（Eli Finkel），西北大學教授

創新常隱含尖端、先進、特色豐富之意，但尚塔爾和諾格倫用本書明白道出，創新其實就是為了助人。作者提供典範轉移的框架，協助管理者、企業家提高成功的可能。

——艾弗沙．歐久摩（Efosa Ojomo），《繁榮的悖論》作者

總是有個東西橫跨在我們與創新之間，那就是：面對改變時，出於人性的壓倒性心理抗拒。洛蘭．諾格倫和大衛．尚塔爾提出了洞見，告訴設計師在替新構想賦予生命、打造你我共同的未來時，應該謹慎行事，這可說是非常重要的提醒。

——珊迪．史派可（Sandy Speicher），IDEO執行長

本書介紹的是讓新構想順利茁壯的革命性做法，見解深刻、引人入勝，對於任何想成功推展新的計畫、產品或構想的人，都是必讀好書。

——法蘭西絲卡．吉諾（Francesca Gino），《莫守成規》作者

《心理摩擦力》揭開了簾幕，讓人看見阻擋人們擁抱新構想、接受新產品的心理力量。無論你是想搞經營的創作者，還是想搞創作的經營者，本書都很值得一讀。

——丹尼爾．品克（Daniel H. Pink），《什麼時候是好時候》作者

創新者所要具備的關鍵技能之一，就是巧妙戰勝心理摩擦力的能耐。問題是，多數人搞不清楚該怎麼做！《心理摩擦力》總算講明為什麼我們老是抗拒新點子，同時也提供了直覺化的工具和方法，就算是走在時代最前端的創新者，也能讀得津津有味。

——鮑伯．莫伊斯塔（Bob Moesta），創新行銷方法「用途理論」的提出者

關於如何讓人擁抱新構想這件事，諾格倫和尚塔爾給了深入又顛覆思維的方法：請不要走上一味強力說服他人的老路，反而該聚焦在如何減少引發抗拒的心理摩擦力。書中的概念叫人大開眼界，行文用詞也十分賞心悅目。作者巧妙地把案例與科學見解結合在一起，其文字本身就體現了《心理摩擦力》所要傳達的重點，讀來是滿滿的吸引力，毫無心理摩擦力。」

——亞當．賈林斯基（Adam Galinsky），哥倫比亞商學院教授

心理摩擦力理論對於了解用戶行為是強而有力的框架，產品設計師一定要讀讀此書。

——安迪．麥克米倫（Andy MacMillan），「使用者可用性測試網站」的創辦人兼執行長

跟我們普遍的認知剛好相反，創新之所以很難成功，是因為被塞進太多特點。本書的論述強而有力地破解了常見的迷思，使人更聚焦在如何打穿阻礙顧客簇擁上門的高牆。若想進一步認識心理摩擦力的來源——更重要的是，了解遇上時該怎麼做——那就好好把這本書讀一讀吧。書中的金玉良言能幫助你了解如何設計和引進創新，讓你在市場上成功抓對方向。

——克莉絲汀．莫爾曼（Christine Moorman），《行銷學報》總編輯

《心理摩擦力》把重點放在足以對創新、改變起關鍵作用的同理心上面。光說不練是沒用的，你還要內化，才能發揮舉足輕重的影響力。大衛和洛蘭將會告訴你怎麼做。

——瑪艾兒．賈維特（Maëlle Gavet），Techstars 執行長

CONTENTS

2 吸引力思維的陷阱——順著本能，只會走進死路

推薦序

對公司經營和行銷實戰深有幫助！夠了解人心，才會知道要講什麼話吸引客人。

——貝克街巧克力蛋糕創辦人　**王繁捷**

我在做行銷的時候，都會考量到人性心理，因為只有夠了解人心，才會知道要講什麼話吸引客人，然後把東西賣出去。

如果要我給什麼忠告，那絕對是：不要嘗試改變你的客人！人的觀念想法非常難改變，你需要花費更多的時間、金錢、精力，才有那麼一點點機會成功。

想要行銷做得好，最一開始的方向就要對，所有的廣告素材，都應該是要對著「本來就對這類產品有興趣」的人來設計，而不是想辦法去說服沒興趣的人。

舉例來說，我在賣甜點教學的課程，我只要對本來就喜歡做甜點的人，解釋他們可以從我這邊學到哪些甜點、課程有多好等等，很容易就可以說服他們。可是對從來沒做甜點的人，我要費盡唇舌的講做甜點的好處，想辦法讓他們對做甜點這件事產生興趣之後，再叫他們買我的甜點課，你覺得成功機率有多高？

你想像一下，如果你的家人對某件事沒興趣，你要想辦法說服他們去做，難度有多高就知道了。就算你成功了，那也是因為這是你家人，他們對你有感情才願意試一試，其他成千上萬的客人，你有辦法這樣說服嗎？

所以我才會說，不要嘗試改變你的客人，去找本來就對你產品有興趣的人，或是順著他們熟悉的觀念來做事。

像我剛開始賣蛋糕的時候，計畫要用莊園巧克力當作主打，因為市面上沒有人這樣做，一定會吸引人。（莊園巧克力有些帶著水果酸香，有些帶著花香，或是木質香……等等各式各樣，是可可豆本身的香氣，沒有加香料，屬於非常高級的巧克力）結果一推出，市場反應超級冷淡，沒什麼人想買，因為莊園巧克力是大家不熟悉的東西，有些人吃到巧克力酸酸的味道還以為是壞掉！

我思考了很久，市場上大家對巧克力的觀念是什麼？那就是可可％愈高、愈苦愈好，這是一般人的觀念，雖然那是錯的。

所以我改變策略，做了85％高可可含量的蛋糕當作主打，客人的反應明顯不一樣，因為那是他們熟悉的產品，在他們的認知裡，高％的巧克力就是品質好，貴一點也是應該的。

從那之後，不管是選擇市場、研發產品、寫行銷文案，我一定不會去想著改變客戶的想法，而是順著他們的習慣，還有他們熟悉的事物來設計所有的行銷，會輕鬆很多。

在《心理摩擦力：為何人們抗拒改變？不是你不努力，是你不懂人性阻力》這本書裡，作者也很強調這一個概念，如果你嘗試改變客人，一定會過得非常痛苦。書裡介紹了很多和人性有關的行銷，把它結合在公司的經營和行銷上，對你的實戰會很有幫助。

推薦序

人被強迫改變是會有心理抗拒的！這本書給我很棒的思考框架，如何一起創造改變。

——正向心理學專家　劉軒

這本書非常適合所有人來閱讀，也非常推薦給行銷專業的人。書中講了一個核心觀念：要讓人改變，就需要降低改變的摩擦力。我們往往把力氣放錯地方，想讓推銷的東西更有價值，卻忘了真正要解決的是人的「心理摩擦力」，也就是抗拒改變的心理因素。作者整理出四種心理摩擦力——慣性、惰性、情感阻力和反彈。

第一種是慣性：人基本上比較喜歡熟悉的事物，我們偏好聽過很多次的歌曲，次數愈多自然就產生熟悉感，而熟悉感就等於喜愛度。我們通常一開始都會有點排斥新的事情，但是愈接觸就會愈喜歡。

作者說，有個方法能克服慣性：讓人逐漸習慣你的新訊息。研究發現，多次鋪陳訊息、埋下伏筆，甚至一開始就向人宣告要做這件事，再多次提醒，就會讓人產生習慣的感覺。因此，除了多說，也要早說、從小的地方慢慢開始說。

另一個高招，就是用舊方法介紹新的人事物或想法。Uber剛推出時就用了類比，告訴大家這就像你的私人司機，隨call隨到，卻不需要私人司機的價格。後來很多新創公司也拿Uber做類比，像是家教的Uber、遛狗的Uber，所以用人們熟悉的東西來類比是一個很好的溝通方法。

第二種是惰性：我們都想省事省力。這是隨時會碰到、但很多人不說的心理抗拒。研究發現，最親近的同事往往是座位距離最近的，當距離超過五十公尺，除非刻意安排，否則主動互動的機率近乎於零。

雖然我們都知道省力很重要，卻不知道它比想像中重要非常多。因此，如果要人做出改變，首先要問，對方覺得要花多少力氣？第二，對方知道該怎麼做嗎？而我們能不能幫他節省力氣，給一個how to、給一個計畫，幫助他更容易達成改變的目標？

這讓我想到，我以前不太運動，後來開始喜歡騎腳踏車，真得感謝一位貴人。他不但帶我騎車、介紹教練，還約我去買車衣的店。對完全不騎車的人來說，走進車衣專賣店會有點不知所措，但他直接幫我解決了問題、讓我更好上手。

第三種叫做情感阻力：改變可能引發什麼負面情緒。美國最大的音樂器材販售行Sweetwater Sound剛成立的時候搞懂了一件事情，很多想玩音樂的新手去樂器行，都會看到非常專業的店員，讓人遠遠地就很有壓力、不敢靠近。所以Sweetwater Sound訓練店員要歡迎新手，不是先問他們要買什麼型號，而是先說：「太棒了，你剛開始玩音樂對不對？你喜歡聽什麼樣的音樂？」讓新手感覺被接納，也因此有特別好的銷售成績。這告訴我們，推銷任何東西，永遠站在消費者的立場去了解他們可能有什麼心理摩擦力、以及為什麼。

最後一個心理摩擦力是反彈：人被強迫時會有的抗拒。美國在一九八〇年代立法規定駕駛跟副駕駛要綁安全帶，當時造成非常大的反彈，甚至有人到華盛頓抗議。這是怎麼造成的呢？因為反彈是抗拒「被強迫改變」的心理力量，抗拒本身跟你想要推廣的東西沒關係，所以講理性的原因是沒用的，你要想方法讓人說服自己。

在美國幫助戒毒的社福機構，要怎麼讓成癮者接受建議戒毒呢？輔導員會先請他們對於上癮人生，用一到十給自己打分數。十代表「上癮完全不好，我要絕對清醒的人生」，一是「我一點都不想幫助自己」。人的基本心理狀態都坐落在中間，即便是自暴自棄的毒癮者，也會給自己打二到四分。輔導員接著會問「你為什麼沒給自己一分」，再聽對方怎麼說。當對方說出原因時，基本上已經開始提出說服自己的理由了。

我是一名作者，也是心理學者，我的使命就是希望推廣正向心理學，幫人實踐自己想要的改變。這本書給了我很棒的框架來思考這件事情——人被強迫改變是會心理反彈的。如何克服呢？就是要跟他一起創造改變。當你能讓人一起給想法、出點子的時候，改變的機率就大幅提升。所以我們不需要去說服別人，反而要給對方發言空間和時間，讓他能自己想出點子、說服自己。

這本書介紹人們會有的四種心理摩擦力，以及加以化解的幾種技巧，推薦給對行銷和人類行為有興趣的朋友們！

※此推薦序摘自Podcast〈劉軒的How to人生學〉EP159——不是因為你不夠努力，而是你忽略了「心理摩擦力」——《The Human Element》讀書會。完整介紹請掃描QR Code。

1

如何讓子彈飛

想打動人，不能只靠吸引力

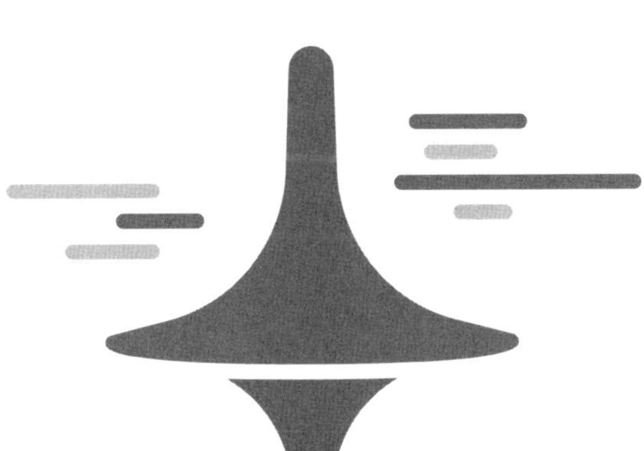

子彈從槍口發射的時候，會以每秒一千三百英尺突破音速飛離槍管；若以最理想的四十五度角彈道射出，則能飛行將近兩英里。不過，子彈不只是空有力道，它飛行時也相當穩定，只要槍手夠穩，就能用子彈一再精準命中目標。為什麼子彈只用了很簡單的技術，就能擁有如此卓越的力量和準度？

絕大多數人都會回答「因為有火藥」。

當我們扣下扳機時，撞針會衝撞子彈，引燃彈殼內的火藥；火藥燃燒時會產生高速膨脹的氣體，在槍管內形成巨大的壓力，而這些氣體的唯一出路就是把彈頭推出槍管。

子彈需要火藥才能飛行，但是單靠火藥，並無法讓子彈達到如此驚人的射程、速度和準度。無論是子彈、飛機還是投手的快速球，任何物體在飛行的時候，都有兩股相反的力量在作用。一種是推進力，也就是推動物體前進的力量，例如火藥、飛機引擎、投手的手臂等提供的動能；另一種則是拘束力，會阻礙物體的前進，像是重力和風阻。

火藥這個回答也不能算是錯的，只是對於「子彈為什麼能飛」這樣的問題而言，並不是個完整的答案。雖然火藥可以解釋，為什麼子彈飛出槍管時能有如此強大的力道，但是子彈在飛了那麼遠之後還能正中靶心的真正原因，是因為它經過設計，能減少阻礙其飛行的主要摩擦力——風阻。風阻就是物體在空中移動時面臨的阻力，如果想感受一下什麼是風阻，只要在開車上路時，把手伸到窗外就知道了。

子彈飛行時的最大阻礙就是風阻，這是因為物體運動的速度愈快，風阻就愈大。若在子彈裡添加更多火藥，子彈飛出槍管的速度也就更快；一旦速度增加，把子彈回推的風阻也會跟著加大。這就是子彈都是依據風阻系數來分級的原因——風阻愈低，品質愈好，價格也愈貴。

讓子彈減少風阻的方法有兩種。第一，外型是關鍵，流線型的錐狀物會比圓圓鈍鈍的物體更能劃破空氣，這就是為什麼子彈、飛機跟磁浮列車都有個尖尖的「鼻子」。第二，子彈也能藉著旋轉來降低風阻。槍管內壁刻有溝槽，為的是讓子彈能夠旋轉，就像拋擲美式足球一樣，螺旋運動能增加子彈在空氣中的穿透力，使其更不容易被側風吹離飛行軌道。

子彈能飛得如此漂亮，並不只是因為火藥給了它推力，還因為它符合空氣動力學，依據降低空氣摩擦力的形式來打造。子彈這種東西，或說人們對於子彈為什麼能飛的直覺判斷，非常適合用來比擬本書所要傳達的基本理念。**我們直覺以為，想讓一個新構想成功高飛，必須先給它推力**。話雖如此，但請想像一下，若設計飛機時只在乎引擎馬力，完全不考慮空氣動力學，將會發生什麼事？這恰好就是我們在推動新的構想或倡議時會做的事，也難怪真能高飛的點子會這麼少。[1]

我們太在意吸引力

你會如何讓別人接受新想法呢？大部分的行銷人員、創新者、主管、社會運動人士，或是任何跟推動改變這件事有關的人，行動時都是根據某個深植腦海的假設——**吸引力法則**。由於這個觀念太過根深蒂固，以至於很少會注意到它的影響，也很少質疑其價值。一般人認為，若要說服別人接受新想法，最好的方式就是增加新想法本身的吸引力，*而這可能也是唯一的辦法。我們本能地相信，只要加碼加得夠多，別人就會點頭說好。這個本能反應誘使我們走上歧路，只顧著為新想法錦上添花，或是一頭熱地放送訊息，費盡心思只為了讓人上鉤。這類做法的目標是要加強推動新想法的力道，我們稱之為「吸引力導向策略」。吸引力的用途就是讓新想法看起來更誘人，好煽動大眾改變的欲望。

本書將說明，人們在推銷新事物和創造改變時，直覺的做法往往是錯的。創新者把火力集中在加碼，但企圖增加吸引力的同時，很容易忽略掉與「改變」相關的另一大要素，也就是在推動改變時，與我們唱反調的**心理摩擦力**（Friction）。**心理摩擦力意指拒絕改變而產生的心理抗力，它會阻礙創新**。儘

*譯註：原文是用「Fuel」一詞，直譯為「燃料」，為求理解方便、與「摩擦力」對應，全書視情況譯為「吸引力」或「動力」。

管很少有人注意到這部分，但是對於創造改變來說，心理摩擦力至關重要。

傳統上，以吸引力推動創新的做法有其必要性，畢竟新構想本身若亮點不足，根本無以為繼。但只靠吸引力是不夠的，創造改變的第一步，就是先了解抗拒改變的阻力。就算我們沒有察覺，這些阻力仍然真實存在，並默默破壞我們為創新付出的努力。當我們順著本能反應走，想透過增添吸引力來披荊斬棘時，反而會在不知不覺間增強了需要被克服的心理摩擦力。

神祕消失的顧客

某天，筆者大衛接到一通求助的電話。這是一家擴展快速的新創公司（暫且稱之為海灘家居），他們重新定義了販售傢俱的方式，透過獨樹一格的做法創造價值：讓顧客自行打造完全客製化、獨一無二的傢俱（主要是沙發），價格還比其他客製化傢俱公司便宜了大約七十五％。

市區的年輕千禧世代正準備購入第一套「登大人」的傢俱，而海灘家居正好很合他們的口味。其中最大的誘因，就是可以完全客製化沙發，從造型、尺寸到材質，甚至是沙發腳的形狀，各方各面通通都可讓顧客自行選擇，這比單純只能選面料來得誘人多了。很多顧客興高采烈地花上大把時間，流連於海灘家居的網站，或是到門市與設計專員討論，希望為自己打造出完美的沙發。然而，就在這些準顧客即將按下「購買」鍵之前，奇怪的事情發生了——這些顧客全都憑空消失了。

海灘家居很想知道為什麼這麼多顧客花了好幾個小時打造傢俱，最後卻什麼也沒買。合理的推測包括：價位考量、送貨時間，或是單純出於貨比三家不吃虧的心態。這些解釋固然有理，卻不是真正的原因。

結果發現，**問題跟公司的魅力一點關係也沒有**。大家都超愛海灘家居的顧客服務、高品質設計、實惠的價格等，所有吸引人買下新沙發的動機一應俱全，那為什麼點擊「購買」的人只有小貓兩三隻？答案是：心理摩擦力擋住了顧客的去路，阻止他們買下渴望的東西。

對海灘家居的顧客來說，妨礙他們購買新沙發的原因，竟然是擺在他們家中的那張舊沙發！讓他們卻步的心理摩擦力，來自於不知如何處理原本的傢俱。能請垃圾車回收嗎？如果不行，要請誰來搬走？他們自己就能把沙發抬出門外嗎？若不行，又要請誰來幫忙？顧客或許想買張新沙發，但在他們搞清楚要怎樣處理舊沙發之前，絕大多數的人都不會下單。

經過一次又一次的訪談，大衛發現大家的故事都如出一轍，理由大概會像是：「我跟另一半都對我們在海灘家居設計的沙發相當心動，但除非表弟願意接收我們現在的沙發，不然我們也沒辦法下單。」或是：「我很喜歡我在海灘家居設計的沙發，但要完成訂購，還得等到社區舉辦『大型垃圾回收日』，看有沒有人要扛走我的舊沙發，不然我也沒轍。我家那棟小房子可擠不下兩張大沙發。」

假如你是海灘家居，你會怎麼做？增加沙發的亮點解決不了問題，壓低價格也一樣。這問題若要解決，就得消除心理摩擦力。**大衛建議海灘家居主動提議幫顧客搬走現有的傢俱，再捐給需要的家庭。**用這麼簡單的一招化解心理摩擦力之後，海灘家居的購買率隨之大幅提升。

阻礙改變的四大心理摩擦力

這本書會談談四種抗拒創新及改變的心理摩擦力。就像子彈遇到的風阻一樣，如果我們要讓新的想法或倡議成功問世，這四種心理摩擦力會讓我們寸步難行。當一個物體在運動的時候，物體本身的價值和重要性跟它所遭遇的摩擦力一點關係也沒有。**子彈鑲上黃金可以增加價值，但沒辦法減少風阻。**遺憾的是，對創新者來說，新構想亦是如此。

雖然我們很希望一個好點子所遇到的反彈會少於另一個價值較低的點子，但偏偏事與願違。出色的構想可能起步的動能更強，但是構想本身的價值卻無法削減迎面而來的心理摩擦力。這世上有這麼多毋庸置疑的絕佳創意，最後卻無疾而終，這就是最大的原因。以下說明這四種心理摩擦力：

1. **慣性**：想要緊守已知事物的強烈渴望，即使我們知道會因此受限也在所不惜。

慣性解釋了為什麼當你想要改變大眾的行為時，應該提供多個選項，以及為何在體育的領域，美國人是社會主義者，歐洲人是資本主義者。

2. **惰性**：人們希望改變時所花的力氣愈少愈好，這包含了「實際付出」與「主觀上認為必須付出」的力氣。

惰性解釋了為什麼海灘家居的顧客沒有按下「下單」、為什麼普通濱蟹（shore crab）會這麼挑嘴，以及紐西蘭為何是最適合創業的國家。

3. **情感阻力**：推動改變時，無意間引發的不舒服感受。

情感阻力是蛋糕粉滯銷近三十年才流行起來的原因，也說明了為什麼Tinder會超越Match.com成為約會應用程式的首選，以及為什麼經理人往往會策略性地把最好的員工放在最不重要的位置上。

4. **反彈：**抵制改變的內心抗拒。

反彈揭示了美國人為何會在八〇年代發動拒絕安全帶之戰、為什麼強而有力的證據往往會比沒有證據還糟，以及為何製造業的工廠要改變作業模式會這麼困難。

雖然心理摩擦力的影響重大，但要把它找出來卻不容易，因而常常遭人忽略。就像火藥的爆炸令人難以視若無睹，風阻卻是一股看不見的力量，這就是心理摩擦力的棘手之處。它們會嚴重拖累我們的新構想，其影響卻往往無人察覺。

請看下面這則思想實驗：

想像你正經營一個非營利組織，要設法為醫院裡的病童提供社會支持。你的團體想鼓勵大眾寫「勇者小卡」，也就是為住院孩童加油打氣的信。目前有十八％的人自願寫勇者小卡，你希望這個比例能提高，該怎麼做才好？

創新會遇上的逆風：四種心理摩擦力

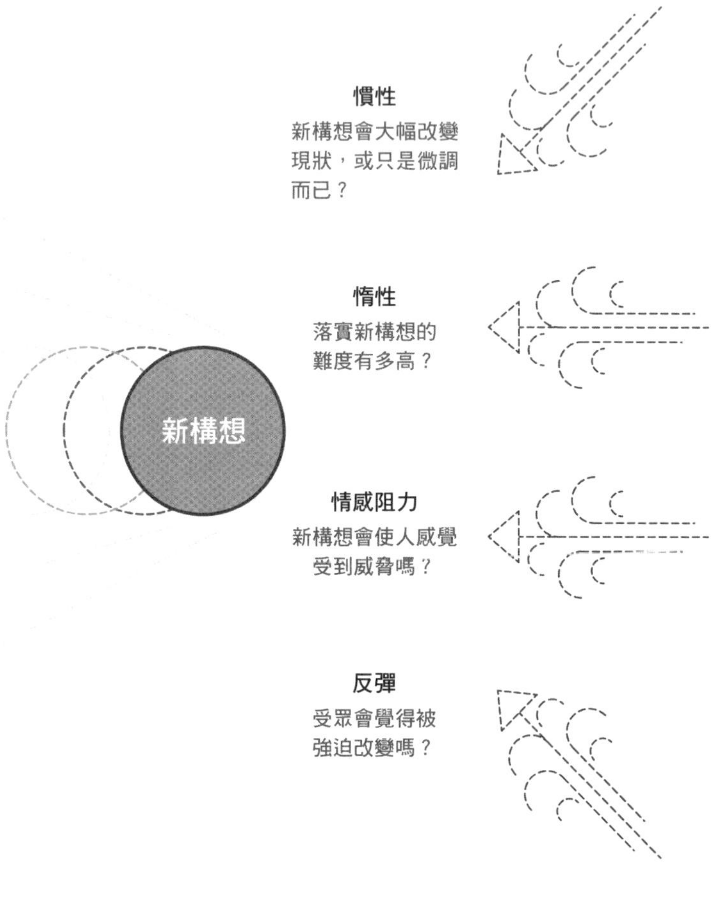
慣性
新構想會大幅改變現狀，或只是微調而已？
惰性
落實新構想的難度有多高？
新構想
情感阻力
新構想會使人感覺受到威脅嗎？
反彈
受眾會覺得被強迫改變嗎？

當我們向人提出這個問題的時候，總會得到兩種方案：一是向大眾解釋寫卡片對病童有何幫助，二是付錢給寫勇者小卡的人。於是我們把大家的直覺想法跟我們自己想出來的做法，一併拿來做測試。其中一組受試者會收到我們引述病童的話語，得知這些卡片對病童而言意義有多大；另一組人則是每寫一張卡片，就會得到一小筆報酬。至於最後一組人馬，我們就只有給幾個範本，讓他們寫勇者小卡時能多一點靈感，也讓這件事變得更輕鬆。

前兩種做法幾乎收不到什麼成效，甚至從心理上推他們一把，還會有反效果。然而，給了參考範本的那組，回應率卻提高了六十%。也就是說，大家都沒想到的那一種做法，效果反而最好。

為什麼只是給個範本，效果卻能如此立竿見影？難道有人覺得支持病童不重要嗎？當然不是！大家之所以會抗拒，並不是覺得這件事不值得花心思做；他們不願意寫，其實只是因為他們不曉得「要寫什麼」，因而糾結於一些想法，像是：「寫什麼比較恰當？如何用字遣詞比較好？內容應該要開心一點，還是同理他們？」這種不安就是一種心理摩擦力，它會讓企圖以吸引力推動改變的策略失靈；不過，只要提供範本就能加以消除，人們的行為也會跟著轉變。

推動改變必經的四大關卡

每個新構想的推動都包含四個關卡，而每個關卡都有相對應的心理摩擦力。**第一關是創新帶來的改變幅度**。這項創新是大幅改變現狀，或只是微調原先在做的事情？這點決定了推動創新時，慣性會引發多大的心理摩擦力。顛覆性的構想很容易與強大的慣性對撞，因為人類天生就是會對未經測試的陌生構想感到不信任和抗拒。

第二關涉及執行成本。若要落實改變，需要耗費多少體力跟心力？這個問題的答案決定了惰性會對一項創新產生多大的阻力。例如購買新產品，總共要經過幾個步驟？買了之後，若要使用這項新產品，需不需要學習一套新的流程或操作系統？就組織的創新而言，落實改變的成本往往相當可觀，因為可能得進行職位重組或制定新的工作時程。落實改變的成本愈高，惰性的阻力就會愈大。

第三關涉及受眾對於預期的改變會有什麼反應。我們提出的改變會讓受眾倍感威脅嗎？這個答案決定了我們的創新會產生多少的情感阻力。在醫院小卡的例子中，大眾會害怕寫出不恰當的內容，這種焦慮感阻礙了他們原本發自內心想做的事——幫助需要的病童。

第四個創新的關卡則是關於創新者如何推動改變。創新者是真能引發受眾的興趣，還是只是讓受眾感覺有壓力？當人被迫改變時，就會產生反彈心理。若逼迫的力道很大，人們會抗拒改變也是意料中的事。

本書是寫給所有想把新事物帶進這個世界的人，有可能是新產品、新服務、新策略、新運動、新行為，或是任何一種尚未發展成熟的雛型概念。無論是什麼樣的新事物，全都需要人們先做出一些改變才能獲得落實，無一例外。從這個角度來說，**創新跟改變是一體兩面，任何一面想要獲致成功，必然無**

法略過另一面。

人是安於習慣的動物。就算我們有能力改變，也不會輕易這麼做。若只是提出新構想，卻沒有好好規劃如何落實，這樣的創新等於只做了一半。市面上有關創新的書，往往把焦點集中在創意本身，好像成敗的關鍵只在於新構想有沒有特色跟益處。本書則把重點放在創新的另一面：**人性**。本書要來探討新構想會面臨的阻力，而這些阻力往往正是來自於我們想幫助的那些人。

這是影響，還是操弄？

每當你想要改變別人的時候，都該正視其中的倫理議題——「在合乎倫理的情況下影響別人」和「操弄他人」，兩者的界線為何？首先，我倆必須坦承自己並不是研究倫理的學者，也無意擅自幫各位劃清那條界線。我們想分享的是，自己在將這些工具付諸實行的時候，曾設想到的兩種道德標準。你要採用相同標準、更嚴格的標準或是毫無標準，決定權都在你的手上。以下是我們在實務上會考慮的兩種標準。

是坦誠相見或有所欺瞞？

我們認為人在做選擇的時候，都應該對相關資訊知情，而不是受到誤導。可惜的是，很多人們用於改變他人的策略，根本就是存心誤導。當你接到推銷電話時，是否曾注意到這些銷售員的名字常常跟你一模一樣？這是電話銷售員和詐騙集團愈來愈常用的手法。他們會這麼做，就是因為真的有效。我們在第四章會提到，有效的原因在於符合**自我相似原理**（self-similarity principle）。人會本能地喜歡跟自己相似的東西，我們很容易因為這個理由，就與同名的人在電話上多聊一會兒。但因為這種做法帶有欺騙性質，所以不符合我們的標準。

不過要留意的是，並非運用自我相似原理讓人欣然接受創新就是不道德的事。試想一下，如果電話銷售員事先做了點功課，發現你們之間有相似之處——例如有相同嗜好——若銷售員要策略性地應用這種真確實在的共通連結，就符合我們的道德標準。

是為了助人或傷人？

我們的另一個考量標準是，出發點究竟是助人還是傷人。我們認為，如果目的是要犧牲他人的利益來獲取個人利益，這種創新就違背倫理。例如詐騙集團為了賺大錢的不法目的，不惜讓他人蒙受巨大損失。本書收錄的故事是關於那些想出如何讓事情變更好的人，他們打算把改良後的做法引進這個世界。其中一些創新者主要是出於利他的心態，還有一些創新者主要是基於盈利的考量，這兩種都符合我們的道德標準。我們的底線在於，追求利潤的同時，不應導致其他人受到傷害或陷於不利的處境。這其中的拿捏比較複雜、也比較主觀，但我們認為就算道德指導原則不夠精確，也聊勝於無。

2

吸引力思維的陷阱

順著本能，只會走進死路

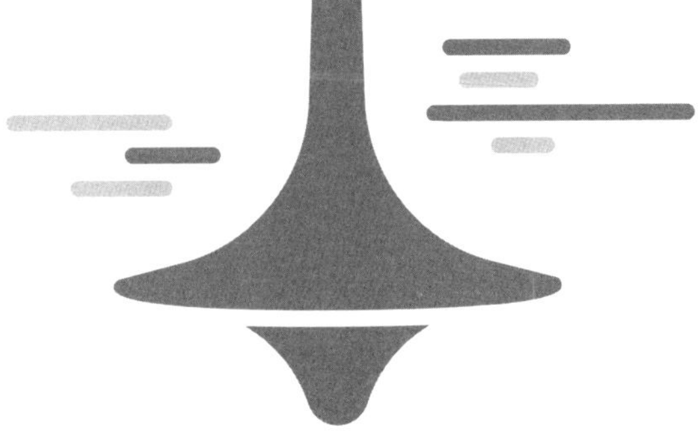

汽車銷售業務每個月得成交約十輛車，這是業界的平均水準。企圖心更強的銷售員會想辦法打進「月銷二十輛俱樂部」。至於一個月能交出三十輛車的業務，在美國任何一間車商都能找到工作。

然而，業界卻出了阿里・瑞達（Ali Reda）這號人物。

瑞達不僅是全球最佳汽車銷售業務，他的個人銷量甚至比大多數的車商來得多。二〇一七年，他把位於密西根州迪爾伯恩的雪佛蘭和凱迪拉克經銷商車庫內，總共一千五百八十二輛車全部售出，打破了維持四十四年的紀錄，而從全國來看，一間車商平均一年也才賣出一千多輛，但瑞達光是一年就成交一千五百八十二輛，換算下來，等於平均每個月就成交一百三十二輛車；或者說，他每天要成交四・五輛。這並不是瑞達在二〇一七年特別走運，他可是月復一月、年復一年都這樣賣車。[1]

這種高水準的表現到底是怎麼辦到的？是什麼道理能讓一個人比平均水準高出「十二倍」？你只要把瑞達的銷售方法和其他業務一比，就看得出其中差異了。

試車時，究竟誰才是駕駛？

想像一下自己站在一間明淨透亮的汽車展示中心裡，馬上就有業務過來熱情地跟你握手，並朗笑問道：「您今天想來看什麼呢？」你說目前的用車年限已到，正在考慮換個品牌，還提到目前的車有哪些問題，心目中的下一部車要有哪些特性。業務拚命點頭，在你提出需求時還不斷回應說：「了解、了解。」

然而，當你稍加留意互動過程之後，你忽然開始懷疑他到底有沒有真的在聽你說話，還是他只是在等你講到一個段落，就要準備發動攻勢。他脫口而出的第一句話，印證了你的想法。

「您來得正是時候耶！我們現在剛好有優惠方案，利率超低，低到不可思議。要不要現在就來試一下我們這輛！」

（你沒看錯，這邊是故意不用問號。）

一旦你上了這位業務巴不得要你趕快試駕的休旅車，這才恍然大悟：接下來的四十五至六十分鐘，你根本就不像是駕駛座上的人，反而比較像是乘客，一路上聽業務卯足勁推銷個沒完，把這台新車的性能、優點講得天花亂墜，問你的寥寥幾個問題也像是故意要推坑，例如：「您覺得要不要再加購第三排座位？不知道您的小孩聽到這個音響的重低音會覺得如何？」

好不容易擺脫業務的攻勢，你卻心裡有譜，接下來將有無止境的罐頭簡訊跟email等著你，不斷詢問：「那天開的休旅車您還有興趣嗎？」此外，還會出現各種自從上次試車之後就奇蹟生效的促銷優惠通知——這些就是你誤上賊船後帶回的擾人紀念品。

這段賞車體驗可能戲劇化了點，但也因為夠寫實、夠常見，所以感覺特別熟悉。正是我們腦中上演的這種小劇場，使我們在踏進車商前都會三思而後行。

宛如求偶大戲的推銷手法

多數的動物都是由雌性來選擇配偶；因為繁殖對雌性來說，需要比雄性投入更多，所以選擇權是在雌性手上。當然，雌性會盡可能找到最好的配偶——也就是最合適又最強壯的雄性——讓牠們的後代有最高的存活機會。雄性也會竭盡全力證明自己是最佳選擇，牠們鼓起胸膛、展示頭上的角、發出鳴叫、炫耀身上的羽毛，所有的信號都是為了讓雌性相信，牠們是這一帶的首選。

挑選車子的原理也幾乎如出一轍。一旦決定要買車，你就會開始四處尋覓符合需求的最佳車款。想要什麼樣的車是因人而異，但所有的買家都會想方設法找到理想的款式。而賞車體驗的每個環節都是經過設計的，一切只為了說服你相信車商展示的車款最符合你的需求。試駕過程中吹捧的所有性能和優點，也都是求愛儀式的一部分。車商只能試著在極為有限的時間內挑起你的胃口，而他們放送的訊息便如一個又一個的誘餌，因為不知道哪種誘餌能正中你的下懷，那不如把所有誘餌通通介紹給你好了——以防萬一嘛。

人們雖然愛車，卻非常厭惡買車的過程，這是因為人們徹頭徹尾不信任車商。買車這件事，可能比其他任何一宗大額交易，更能挑起買賣雙方的敏感神經。買家很容易假想自己一走進展示中心，賣家就是要引誘他完成一筆不利的交易。請想像一下，你會走進一間展示中心，開口就說車商提出來的所有升級配備、性能套件、服務項目你通通接受嗎？沒人會這麼做，因為大家確信這樣只會害自己花了一堆冤枉錢。

更糟的是，汽車的選購充滿了不確定性，因為車商建構了售車的流程，以至於人們買車的時候，不是只下一個決定就好，而是得下一連串的決定。就以選購車款來說好了，假設基本款搭載的是二·〇升、三百匹馬力的四渦輪動力引擎，但只要再加七千美元，就能升級成二·五升、三百五十匹馬力的高性能版。接著，你還要決定選配項目，因為你有小孩，所以業務會建議加裝「輔助駕駛」系統，還有配備加熱座椅的「冬季套件」。等你把上述方案都考慮過一遍之後，還要決定申辦哪一種車貸跟保養套餐、是要借貸還是直接購買。車商建議你先簽妥預付的維修保養計畫，這樣每次定期保養你都可以省下兩百美元……。

問題來了，要是人家推薦什麼你都來者不拒，那你最後買到的車子大概會是配備了一堆多餘功能的精裝車；但盲目婉拒所有建議跟優惠，恐怕又會留下一些遺憾。即便你知道有些選項符合需求，有些則否，但你卻拿不定主意。買家真正想要的，其實是有個可以信得過的人，能在這個過程中引領他們。買家想要的其實是「套組方案」，好讓他們省下做一連串決定的心力。

全美最強汽車業務的祕訣

一般人買車時會出現的那種不信任感，就是一種顯而易見的情感摩擦力。車商不只無視這種摩擦力，整個車壇文化還鼓吹前述的錯誤銷售策略。在這樣的脈絡底下，我們更容易了解阿里．瑞達得以如此超群的祕密。阿里不是把重點放在吸引力，而是設法降低購車的情感摩擦力。從菜鳥時期開始，他就不把自己視為一個業務。阿里是這麼說的：

我會把自己當成客戶的顧問，真誠地從旁協助，滿足他們的需求。我只在乎他們最在乎的事。這還包括當競爭對手的車更適合他們時，我會幫忙指路，請他們去現場看一下。有時我會請客戶稍待個幾個月，等利率更優惠，或某個車款降價的時候再來買。有時候我甚至會請客戶什麼都不要買。一旦我開始「為賣車而賣車」，從那一刻起，我就會失去客戶了。

你沒聽錯，美國史上最厲害的汽車業務，根本就不認為自己在做銷售，反倒認為自己的工作是與客戶建立信賴關係。想要在充滿不信任的行業深植信任，不是件輕鬆的事，犧牲跟堅持是必要條件。這就是為什麼阿里選擇長線經營。阿里說：「有時要把一輛車賣給某個顧客，得花上七、八年的時間，但我很樂意等到客戶真的準備好了再來買。大多數的車商都把重點放在快速成交上——顧客沒有買車之前，休想踏出展示中心。但我把重點放在耐心上面，也許今天我沒有交車給你，但我知道總有一天你會回來，等到那天，你就已經準備好要從我這裡買車了。在那一刻，我會高高興興地把車『賣』給你。」

從購車體驗中消除不信任感，能創造出很高的顧客忠誠度。阿里的銷量之所以能超越多數車商，不是因為他的銷售話術比別人流利十倍；他之所以能締造各大賣車紀錄，也不是因為他天生魅力超群。阿里能達到這個水準，是因為客戶只要和他合作過，就不願意再找其他人買車了。客戶會一傳十、十傳百，每天都有人走進車商跟他買車，只因為他們的朋友力勸，在去別的地方看車之前，務必先找阿里談談。

車商的情況可以套用到我們每一個人身上。我們心中會假定，推銷新事物的唯一之道就是提高吸引力。我們本能地相信只要加碼夠多，顧客就會點頭說好，同時也認定顧客說「不」是因為新事物的吸引力不足。由於這種信念在我們的思維中根深蒂固，以至於我們很難察覺，也很難想到其他有助於推動創新的做法。我們的許多作為都可以用吸引力導向的思維模式來解釋，像是開發電腦軟體時，加入數不清的瑣碎功能，或是設計出六刀頭的電動刮鬍刀。如果受眾對我們的新構想沒有反應，本能就會叫我們挺起胸膛、炫耀羽毛。

在此我們還是要先聲明：**吸引力仍然是新構想獲致成功的關鍵，因為沒有吸引力，人們就沒有改變的動機。**但就我們看來，提出能引發關注的新構想、想出具有巧思的說詞，這些都還只是基本的籌碼罷了。本書假定了身為創新者的你，已經具備上述條件了。你的新構想非常棒，但儘管用盡全力，還是搞不懂為什麼你的投資人、顧客、合作夥伴或同事等其他人會拒絕你。

我們接下來會說明吸引力的重要之處，再談心理摩擦力。但在此之前，有必要先了解吸引力如何運作、為何有用，以及其先天受限之處。本章便是要探討吸引力的侷限，以及為何即便如此，吸引力導向思維仍是人們推動創新時習慣優先採用的做法。

什麼是吸引力？

請回想高中的物理課，或許你還記得牛頓第一運動定律——物體靜者恆靜。無論一個物體再怎麼符合空氣動力學，它仍舊得倚靠外力才能運動。

在現實世界中，能使物體往前移動、產生動能的作用力包含了推進力、萬有引力等。同樣的道理，想要推動一個新點子，概念就跟我們需要外力才能讓子彈飛射而出差不多。

吸引力就像一種作用力，目的在於讓想法更誘人、更有說服力。它包含了構想本身的特色、優點，以及傳遞出去的方法。吸引力的功用在於，向目標受眾強調所有跟這個「新構想」有關的正面特質跟效益。由於我們深信有必要多多增添吸引力，以至於眾多產業都圍繞著這一點打造，像是廣告、公關、產品設計等。我們直覺認為吸引力本身代表著樂觀、進步；我們把它當成一種工具，能凸顯新構想的好處，讓大家可以想像生活將因此受惠良多。

然而，吸引力有兩種截然不同的類型，對我們的影響猶如一體的兩面。

推進型吸引力

推進型吸引力是一種推力，旨在加強新構想本身的誘人程度和說服力。可想而知，很多典型的行銷者都經常用推進型吸引力做為行銷策略：

1. **產品**（product）：所有跟新構想本身有關的特色和好處。
2. **地點**（place）：人們會接觸到這個新構想的場合或環境，例如會議室、汽車展示中心、網路、書刊等。
3. **價格**（price）：提供誘因、折扣或限時優惠。
4. **推廣**（promotion）：如何讓人注意到這個新構想。做法包含廣告和口耳相傳之類的活動。

這就是經典的「行銷４Ｐ」理論，由著名的行銷大師菲利普．科特勒（Philip Kotler，我們在凱洛格管理學院的同事）[2]所宣揚。自從行銷４Ｐ廣為人知之後，開始有人以這個理論為基礎來引申擴充（也是以P開頭，滿有巧思的！）。如今以P為字首的行銷要點，還包括了以下三項：

5. **包裝**（packaging）：傳達和展示產品的形式。如果你看過「開箱」影片，就知道這部分也很重要。
6. **定位**（positioning）：該構想與市場其他相似選項的區別。
7. **人**（people）：與這個構想相關的人，也許是代言人、構想的發起者，或公開為該構想背書的人。

讀到這裡，你應該會點頭同意，用「行銷7P」強化創新的價值和吸引力是明智的做法。以汽車銷售來說，大多數車商會將自己視為推進型吸引力的擴大器，相信顧客遲早會明白「這就是他們想要的車」。

避險型吸引力

由於吸引力的設計是為了增強動力，因此我們傾向把它與提供甜頭的正面元素聯想在一起。但吸引力的本質不見得都很正面，它也可能強調風險、無所作為的代價，藉此推動改變。相對於激起樂觀、興奮情緒的做法，**避險型吸引力**旨在引發擔憂、懷疑和焦慮感。

請你回想一下上次上網訂房的情景，訂房網站是否經常顯示「只剩一間房」的提醒，後面還寫著優惠價多少錢，而害怕錯過折扣的焦慮感可能逼得你趕快訂房。管理科學把這種現象稱為**損失厭惡**（loss aversion），這可能會大大影響你對一樣東西的渴望程度（第九章會解釋為什麼這類推力往往適得其反）。

跟前述推進型吸引力的行銷7P理論一樣，避險型吸引力的例子也很多，可惜這部分的英文就比較沒有朗朗上口的頭韻。幾個避險型吸引力的例子包括：

- **恐懼**（fear）：害怕沒有採取行動或選擇錯誤，因而產生的焦慮和擔憂。
- **損失**（loss）：當某個原本擁有（或有權擁有）的東西被奪走時所感受到的痛苦。
- **風險**（risk）：意識到嘗試某樣新事物的背後，可能伴隨著未知的後果。
- **後悔**（regret）：事先預想自己一旦做了錯誤的決定，會有什麼感覺。
- **不耐煩**（impatience）：想要**即刻**改變的渴望。

避險型吸引力著眼於未來，這關係到我們預期「未來的自己」會如何回頭來評斷當下這一刻所做的決定。它的重點比較不是放在做出「正確選擇」的渴望，而是放在害怕做出「錯誤選擇」的恐懼。我們都不想聽到「我早就跟你說了」這句話，不管是出自他人之口，還是自己的內心獨白。因此，避險型吸引力比較傾向於激發行動，而非加強新構想本身的魅力。

儘管要幫助一項創新站穩腳步，吸引力有其必要，但它仍有嚴重的侷限，會抑制促成改變的能力。因此，了解這些侷限，是打破吸引力導向思維的第一步。我們接下來將探討吸引力的四個限制，以及為什麼在這些限制之下，我們推動改變時，仍習慣優先使用吸引力做為策略。

壞事比好事更刻骨銘心

當醫師問你：「我有一個好消息，一個壞消息，你想先聽哪個？」你怎麼回？大多數人會想先聽壞消息（最近的研究數據是七十八％）。[3] 這是因為在人類的心智中，壞事比好事的衝擊更大。如果你曾被打過考績，就知道這邊的意思了。只要出現一個負評，就足以抵銷前面得到的所有好評。心理學家稱此為**負面偏誤**（negativity bias）。成千上萬的社會實驗都證實了這個令人沮喪的觀點：負向體驗對我們生活的影響比正向體驗更大。底下就來舉幾個例子。

我們先從婚姻談起。想要婚姻美滿，正面跟負面的互動要維持多少比例呢？假如答案是一比一，那就表示想維持美滿，只需要正負相抵就好：每說了一句負面的話，頂多只要用一句讚美彌補即可。然而，根據婚姻關係的研究，比例其實接近五比一。意思就是，每一次負面的互動——每個小小的爭執、一點點的冷落——都需要五個正面互動，才能重獲伴侶的好感。對於親密關係而言，負面經驗的衝擊比同等程度的正面時光還要強上五倍。[4]

職場人際關係也是同樣的狀況。最近有一項研究，主要在觀察「問題同事」（toxic colleague）對工作團隊的影響。研究指出，職場上有三種「老鼠屎員工」：懶惰鬼，指怠忽職守、沒有盡好本分的人；掃興鬼，老愛抱怨、表達憤怒或其他負面情緒的人；討厭鬼，不懂得尊重他人的人。研究發現，只要團隊出了這三種員工的任何一種，團隊表現就會下降四十%。就算團隊裡有幾位表現亮眼的明星員工，但只要有那麼一顆老鼠屎，造成的負面影響就擋也擋不住。一顆老鼠屎，壞了一鍋粥，職場現實就是如此。[5]

負面事物也主導了我們的情感生活。七〇年代，心理學家保羅・艾克曼（Paul Ekman）確立了六種存在於所有人類文化中的基本情緒*：快樂、悲傷、厭惡、恐懼、驚訝和憤怒。注意到了嗎？只有快樂這一種基本情緒是正向的。在所有語文之中，描寫負面情緒經驗的詞彙也比較多。

負面情緒帶來的心理打擊也比較大。心理學家研究了日常生活中，好事和壞事對我們的影響，像是獲得老闆稱讚、遇上壞天氣、路上塞車等。好事會對人們的心情產生正面影響，而壞事則讓人情緒低落，這點不令人意外。但是，這些經驗持續的時間卻大不相同。正面事件帶來的感覺稍縱即逝，負面事件卻是地久天長。其中一個研究發現，某一天過得好，不會對隔天的感覺造成什麼特別的影響——就算星期一過得不錯，好心情也不會延續到星期二；但負面事件的影響卻更為持久——如果星期一過得不好，就等著迎接憂鬱星期二。這個模式屢試不爽，足以視為人類行為的「法則」。**快樂不對稱法則**（the law of hedonic asymmetry）講得更明確：「愉悅的感覺總是來自於轉變的當下，人只要持續獲得滿足，愉悅感就會消失；相反地，如果持續處在不舒服的環境中，痛苦的感覺卻往往揮之不去。」[6]

我們對壞事的偏見，幾乎能影響舉目所及的一切。負面事件的記憶比正面事件更深；大腦解讀負面資訊的速度也比正面資訊來得更快。一般人能很快從人群中認出憤怒的表情，但要找出一個微笑，速度就慢多了。這是因為我們腦中掌管表情辨識的「杏仁核」，擁有更多負責處理「危險」的神經元。一張帶有威脅性的圖片，能在毫秒間觸發「戰或逃」（fight or flight）的反應，但我們對正面事件的反應卻慢了很多。看到蛇往後跳的反射，會遠遠快過你往最愛的零食衝過去的速度。

我們的心智之所以會如此建構，是因為這對演化比較有利。想像你要大快朵頤之前，有隻蟑螂從盤子上爬過去，牠也就只跟食物碰了那麼一下下，但你還會吃嗎？再假設沙拉裡夾了根頭髮，或是湯裡浮著一隻蒼蠅呢？很多人可能就吃不下去了。我們的動物腦出於本能要我們喊停，理由是病毒、黴

＊譯註：艾克曼經過進一步的研究，在一九八〇年代新增了第七種基本情緒：輕蔑（contempt）。

菌、細菌等眾多可能要人命的東西，都會污染它們碰到的任何事物。這可說是「近墨者黑」，但若情況反過來，卻不會是「近朱者赤」。有什麼樣的正面事物能讓一整碗的蟲子看起來美味可口？答案是這種東西不存在，因為不好的東西會沾染它所接觸到的一切，但好的東西卻不會。

人們之所以對擁抱新構想感到猶豫不決，概括來說有兩種解釋，**若不是想法不夠誘人、吸引力不足，就是心理摩擦力擋住了去路**。而負面偏誤的意涵相當明確——應該多多關注心理摩擦力。鮑伯．薩頓（Bob Sutton）的名著《拒絕混蛋守則》（*The No Asshole Rule*）中就有提到這種思維轉變，這本書主要在對付很多公司都曾深受其害的問題：職場環境士氣低落。以往針對漫不經心的員工，傳統做法就是增加福利，期望藉由鼓吹好行為來擠掉壞行為。大家對於這種做法可能耳熟能詳，但薩頓的見解與此相反，他主張對問題人物和不良行為要採取大無畏的零容忍態度。只要能理解負面偏誤的意義，就知道一味提供福利跟津貼，很難戰勝有毒的職場文化。

這部分與創新的相似度實在高得出奇。我們推廣新構想時，往往只著重在新構想所能帶來的好處，我們在心裡自問：「該怎樣引誘別人上鉤呢？」一旦自己的說詞被忽視或拒絕，當下的反應就是要再多給一些甜頭。吸引力很重要沒錯，但它並不是心智優先考量的事情。

牢獄體驗能減少青少年犯罪？

吸引力有助於推動新構想，讓事情得以如火如荼地推進，但問題來了：吸引力的代價高昂。原因在於吸引力有兩種特性，其一是效果短暫，其二是投入多少與其影響成正比。先來看看最常被用來增加吸引力的「金錢」，有錢能使鬼推磨，創新者很常運用這個道理來使人接受改變。美國的黑色星期五購物節就是最鮮明的案例，清楚傳達了金錢所能帶來的影響——為了撿便宜，人們可以花好幾個小時大排長龍。

然而，這麼做有其代價。以經濟發展計畫為例，美國許多城市和州政府會透過財務誘因來吸引公司進駐。二〇一七年，亞馬遜公司宣布了第二總部（HQ2）的興建計畫，鼓勵各地方政府提供稅賦優惠和其他獎勵措施來爭取他們進駐，總共吸引超過兩百座城市加入競爭行列，有些城市甚至提供價值數十億美元的誘因。在此之前，威斯康辛州政府已經為電子代工的鴻海集團提供超過四十億美元的投資獎勵；差不多同一時間，內華達州也為特斯拉的電池廠開出超過十億美元的稅賦優惠。

幾乎所有的城市和州政府都會這樣做，以提高自身對企業的吸引力。但關於這些積極措施對經濟影響的研究，幾乎都指向同一個結論：**投資成本遠遠超過經濟效益**。這某種程度上是因為，若要講究財政負擔的合理性，則政府出得起的金額根本不足以吸引企業轉移陣地。想拿到促使企業改變的入場券，就需要鉅額的資金和租稅減免，但這麼做卻很少能夠值回票價。

員工也跟企業一樣，對錢會有反應，但同樣地，要讓員工改變也需要花大錢。最近一項研究提出了一個簡單的問題：想提高員工的工作績效，要增加底薪的多少比例才夠？對一般的員工來說，差不多要八％，只要低於這個數字，加薪便無濟於事。言下之意，假如某人的年薪是十五萬美元，你至少得多給他一萬兩千美元，才能提高他的績效表現。這樣的發現讓行為經濟學家葛尼奇（Uri Gneezy）得出一個結論：談到誘因這件事時，「要麼給很多錢，要麼什麼都不給」。[7]

由於吸引力的效果往往很短暫，因此代價顯得更加高昂。以恐嚇從善計畫（Scared Straight Programs）為例，這個倡議有個高尚的初衷：希望能幫助青少年免於牢獄之災。計畫始於一九七〇年代的紐澤西州，如今已遍及美國和加拿大。它的構想很簡單：讓那些行為偏差的青少年在監獄裡待個幾天，親身體驗真實的牢獄生活，來一場震撼教育。整個過程的最高潮，是一群獄友把青少年圍起來辱罵，想把他們「嚇呆」。

但是這個計畫有效嗎？可以說有，也可以說沒有。這個計畫有成功嚇到這些青少年嗎？絕對有！他們每個人都嚇壞了。獄友跟他們面對面的時候，這些孩子一邊哭，一邊瑟瑟發抖。但這段經歷有成功降低他們最終入獄的可能性嗎？很不幸地，並沒有。事實證明，恐嚇從善計畫對於減少犯罪，根本起不了作用。曾有幾個設計周全的實驗想測試看看，參加這個計畫能否降低未來入獄的可能性。最終的研究結果都證明了同一件事：把孩子們「嚇呆」不但沒辦法降低坐牢的機率，反而還會讓事情變得更糟。這項計畫整體而言弊大於利，許多研究顯示，參與計畫的青少年，犯罪機率平均增加了十三%。[8]

為什麼這樣的計畫行不通？這並非因為恐懼的力道不足，它確實是一種強大的避險型吸引力，這些孩子自己也都這樣說。這些青少年待在監獄的最後一天，都說他們已經決定要改過向善，說他們已經看到曙光。問題在於，這樣的感受並不持久。**恐懼就跟其他激勵因素一樣，當下行得通，卻很快就消散無蹤**。恐懼感沒辦法在他們的心中停留很久，吸引力創造出來的順從只是一時的。如果只是追求暫時有效，這一招可能還合用，但如果你想要有長期的效果，就必須持續增添吸引力才行。

加入美軍的好處，誰不知道？

吸引力的另一個侷限是：很多構想的好處都是不言自明的，它們的價值就明擺在那裡，大家都看得到。以美軍為例，入伍從軍有很多顯而易見、心理上也極為誘人的效益。加入軍隊可以帶來刺激感，讓你有機會看看外面的世界、體驗異國文化、執行大膽的任務。從軍也可以讓你感受同袍情誼，有人形容入伍就像加入一個大家庭，一輩子都是這個群體的一份子。人們不只希望自己成為某個群體的一員，還希望得到這個群體的敬重，而從軍也可以立即滿足這樣的需求。大家都以服役的人為榮，也會表彰這些人。此外，加入軍隊還能帶給你目的。人們會希望將人生奉獻在更大的事物上面，而愛國主義正滿足了這樣的渴望。最後，從軍還有相當大的財務誘因：入伍是許多人上大學和提升社經地位的途徑。

軍旅生活的好處這麼多，但請問這些說明有哪一項是你從沒聽過的？應該沒有吧？從軍的價值從來就不是遮遮掩掩的，經由文化薰陶，大家對從軍帶來的效益和機會都心知肚明。

美國陸軍向來仰賴電視廣告來募兵，廣告使用了力道十足的意象，讓從軍的各種價值顯得活靈活現。曾有一個廣告的開場，是以某士兵跟著所屬的特種部隊執行一項大膽的任務（刺激感與同袍情誼），接著便看到這名士兵返家，在家鄉的遊行中接受眾人表揚（受人敬重與愛國主義）。廣告最後描繪的是，這位軍人退役後，把他在軍中學到的專業技術應用在高薪職涯中。

有兩種類型的孩子會拒絕接受這種廣告的訴求，一種是「這不是我的菜」型（not-for-me），一種是「好歸好，但是」（yeah-but）型。「這不是我的菜」型的孩子會想體驗各種冒險、受人敬重，也對軍方提供的其他福利有興趣。這些都是大眾普遍會有的需求，但軍旅生涯就剛好不是他們想要滿足這些需求的方式，可能軍中文化不適合他們，可能父母本來就會出錢讓他們上大學，不需要透過軍隊。因此，就算傳遞再多的訊息，也說不動「這不是我的菜」型。

另外一種是「好歸好，但是」型，這群孩子對於軍隊所能提供的一切都非常感興趣，但某些原因導致他們沒有去報名。這群人是軍方特別想觸及的關鍵受眾，他們拍了各種鼓舞人心的電視廣告，無非就是希望能把這群人拉進來。但結果顯示，許多夢想從軍的孩子根本就沒有入伍。某種強大的情感摩擦力把他們給困住了。這些想從軍的人之所以沒有入伍，理由是……不敢跟媽媽說。他們不知道要從何講起，怕媽媽一想到孩子要上戰場就心煩意亂。儘管那些促使人入伍念頭的優點都深具吸引力，但很多人還是沒能跨過心理那道檻。值得留意的是，這些電視廣告對「好歸好，但是」型的孩子效果非常差，因為這些廣告只是在宣傳大家都知道的事情，卻沒有解決他們真正遇到的問題。[9]

大多數好構想的優點都很明顯。當其他人不接受我們的說詞時，我們的直覺反應就是要強調好處，或是找一些方法來增加甜頭。如果別人還沒注意到這些好處，這麼做就有點道理，但事情卻往往不是這樣。

吸引力愈強，反作用力也愈強

在物理世界中，對一個物體施力，就會產生一個方向相反且大小相等的反作用力——也就是說，施力就會增加摩擦力。推動新構想也是同樣的道理。**增添吸引力的同時，很可能會在無意間加劇了對新構想的阻力。**我們用以下兩個例子來說明。

我們曾有個學生在一個大型的非營利環保組織服務，這個組織剛聘用了新的執行長，他是個頗有抱負的人。雖然他接管的團隊經驗相當豐富，許多員工已經把整個職業生涯都投入了這個組織，但他還是怕很多人太過自滿。他要求團隊「為使命而活」，但他認為從大家身上看不到那種決心。為了讓團隊更投入，他推動了一項大膽的倡議：「二〇達二十」募款挑戰。

挑戰的目標是要在二〇二〇年募集到兩千萬美元*。這個目標定得很高，過去成績最好的一年是二〇一七年，募得的款項比一千七百萬美元稍微多一點，但會有這個成績，主要是因為碰上了一些千載難逢的機會。二〇一九年他們只募到了一千四百萬美元，所以「二〇達二十」募款挑戰真可謂野心十足。

執行長為此舉辦了一場誓師慶祝活動，致詞時提及他想為這次任務做出什麼貢獻。員工也被請上台來分享成功案例，接受掌聲及表揚。有位退休農民發表了一場撼動人心的演說，他談到若沒有這個組織的幫助，社區很可能會遭受無以復加的破壞。接著，在誓師活動的尾聲，執行長宣告了重大消息：接下來的一年，要挑戰募款金額達到兩千萬美元大關。據說，他在致詞結尾提到：「我能跟一群這麼棒的人一起工作，真的是非常幸運。你們已經為這份工作做出許多貢獻，但我相信我們還能做得更好。今晚我們都已經看到這個團體有多麼重要——對某些人來說，真的是事關存亡。也因此，我希望你們都能接受『二〇達二十』募款挑戰，明年可以把募款金額提高到兩千萬。我相信你們辦得到，我知道你們辦得到。」

＊譯註：也就是英文的「二十個百萬美元」。

那一年，他們只募得了一千兩百萬美元，比前一年還短少兩百萬美元，這同時也是他們記憶中人員流動率最高的一年。

「二〇達二十」募款挑戰本來的目的是要給這些員工增添動力，以達到更高的募款水準。但結果卻與此相反，這個倡議製造了強烈的情感摩擦力。之所以會事與願違，我們的推測是：員工認為這個目標偏離現實。他們過去已經盡力了，現在卻又要求他們用同樣的資源做更多的事。執行長雖然說的是「我相信你們」，但他們聽到的卻是：「這傢伙認為我們還不夠努力。」他們從誓師活動離開時，感覺不是更有能量，而是倍受侮辱。

孕期吸收好的營養，對媽媽和寶寶一生的健康至關重要，然而，多數孕婦都沒有補充自己所需的營養，因而缺乏必要的維生素，像是維生素A、D和E，也缺乏鈣和鐵，而且多半都吸收了太多不需要的東西，超過七十%的準媽媽從飲食中吸收了過多的鈉。

一直以來都有人提醒飲食營養的重要性，這些孕婦並非不知情。吃一些營養補充品是對策之一，卻不是完美的解決辦法。營養品無法解決攝入過多不健康物質的問題，反而導致營養過剩。真正的解方還是要多吃營養健康的食物。

這種問題在低收入社區最為嚴重，因為不健康的食物通常比較便宜，也容易取得。想打造均衡飲食，不但得花更多錢，還得在家規劃、準備餐點——在缺人幫忙又身兼多職的情況下，這會是很艱鉅的工作。

筆者洛蘭在職業生涯早期曾參與一項試驗性的計畫，旨在宣導懷孕期的營養健康。婦女產檢時會收到一本小冊子，內容是關於正確飲食的重要性——多吃一些蔬果，避開速食和其他簡便卻不健康的東西。

這個試驗性計畫可說是災難一場。這些婦女不但沒有吃得更健康，反而還變得更糟。他們對健康飲食有多重要的觀念已經改變了，但卻是往相反的方向改變。他們在看過這些宣導之後，反而覺得多吃蔬菜「沒有那麼重要」。由於結果令人失望，這個計畫很快就喊停了。

孕期攝取更健康的飲食，是我們全都該接受的好主意，這點毫無疑問。

但宣導之所以會適得其反，是因為孕婦得面對很多對健康飲食不利的強大力量。首先，十美元只能買五顆蘋果，一．九九美元卻可以買十二個甜甜圈。除此之外，收到宣導手冊的婦女大多住在宛如飲食沙漠的小鎮或社區中，沒有商品齊全的超市。

請站在低收入婦女的角度想一想，你最關心的無非是讓寶寶健康（這點無須多作解釋），但經濟、社會上的困境讓這件事變得很難辦到。醫師說要吃得健康點，但這到底有什麼用？這個叮嚀唯一的功用就是讓你內心緊繃，想要找方法舒緩緊張的情緒。對很多人來說，唯一的方法就是抵制這條訊息，乾脆自己驟下結論：健康飲食根本沒那麼重要。再怎麼說，很多鄰居的小朋友都是在飲食不健康的環境下成長，也看不出有什麼問題。

「二〇達二十」募款挑戰和營養試驗計畫，在在證明了很多情況下，若用吸引力來推動構想，只會在無意間增加推行的阻力。這些案例也闡釋了沒有考量心理摩擦力的另一大後果：**不只新構想泡湯，創新者本身也連帶遭殃**。那位執行長為自己的願景投入大筆資金，將自己的聲譽置於險地，結果卻只能眼睜睜看著計畫失敗。他能從這次經歷中學到什麼呢？很多人學到的，就只有對周圍的人失去信心，學到「在這兒什麼事情都做不成」的心態。心理摩擦力往往無法一眼看出，但假如我們對其所知不多，最終就會只想把責任推給拒絕我們新構想的人和組織，而不是歸咎於潛藏在底下的幽暗力量。

久旱不雨，因為神明不開心？

為什麼我們內建的思維模式是以吸引力為導向？要回答這個問題，我們得先了解人類的心智如何解讀不好的結果。試想一下，你投了一封履歷，公司卻沒有回覆，為什麼沒下文呢？或者，想像你的公司有個停車位，雖然沒有明定是你的，但你總是習慣停在那裡；某天，有個同事卻開始占用這個車位，他幹麼要這樣？遇上壞事時，可能的解釋很多：也許公司覺得你的履歷沒有亮點、可能他們已經找到人了；也許那位占用車位的同事很討厭你，又或許他不知道這個車位是「你的」。我們用來解釋壞事的理由，決定了我們如何詮釋壞消息。生活中很多事情就跟法律判決一樣，意圖很重要。

人類有個有趣的習慣，就是會把行為歸因於各種的內在力量，並把外在情境因素扮演的角色最小化。我們容易把動機和意圖當作行為的主因，舉例來說，參與大選投票的美國大學生不到半數，這數字怎麼會這麼低？我們直覺會認為：因為他們比較冷漠（這是一種內在歸因）。心理學家把這種心理上的習慣稱作**基本歸因謬誤**（fundamental attribution error），而這種思維習慣幾乎是牢不可破。

吸引力思維剛好完美符合我們的歸因傾向，因為吸引力正是用來激發動機和意圖的。別人為什麼對你的產品或提案不買單？我們可能推想：「一定是他們覺得不夠有意思吧。」如果你拿這個當理由，那麼你用來改變他人行為的方法，就是設法讓新構想更振奮人心，而這正是吸引力的功用。

把壞事跟偏執的意圖聯想在一起，這種做法早就深埋在我們的DNA裡。以早期文明的信仰為例，古人相信天氣變化就是眾神心情的寫照，神明歡樂則風調雨順、萬物豐收，神明憤怒則降下乾旱和洪水來懲罰罪行。事實上，英文字「climate」（氣候）就是源自於古希臘文「*klima*」，是「傾向」的意思。

綜觀這些文化，人為了取悅眾神，發展出相當複雜的儀式，祈雨舞可能是其中最廣為人知的例子。古代中國的巫師會在旱季進行繁複的儀式，在圍成一圈的烈焰中跳舞數小時，而跳舞時落下的汗珠，則被認為可以促使神明降雨。

從這些儀式中也可以看到，這種因果思維模式與今日的研究發現如出一轍。為什麼雨還沒來？因為神明不開心。要如何請求神明降雨？你得想辦法取悅祂們。古人沒想到的是，神明沒降雨，也可能只是因為祂們正在忙別的事情罷了。

其實，我們對自己也很陌生

我們慣用吸引力導向思維還有另一個原因，那就是吸引力顯而易見，但心理摩擦力卻隱而不顯。比方說你發現了某個更好的做事方法，想說服別人跟進。你把事實解釋給對方聽，說明這個點子能為他們帶來什麼好處。如果陳述事實還不夠，你可能會轉向引發動機，也許是訴諸情感，或是用財務誘因來促使對方擁抱改變。這些通則在任何情況都適用，情境跟脈絡都不重要。想說服孩子們從軍？那就強調好處、提供財務誘因。想讓孕婦願意改善飲食？那就解釋這麼做的好處。

心理摩擦力就不一樣了，必須經過探索才能找得出來。回想一下開頭介紹的海灘家居案例，假如故事的點睛之筆——如何把只看不買的客人變成買家的祕訣——是付錢讓人幫忙推薦，這個結局會多麼令人失望啊。但為什麼會令人失望？因為這個解法太明顯了，誰都想得到；相對地，若要看出阻擋顧客的心理摩擦力，就難得多了。

心理摩擦力之所以很難看出來，是因為這需要同理心。你得理解受眾，站在他們的角度看世界。我們推廣促發改變的點子時，很容易就聚焦在點子上，但如果想了解心理摩擦力，就必須把焦點從點子轉移到受眾身上。

即便轉移了焦點，你所需要的洞見也不是都那麼容易找得出來。我們常說心理摩擦力需要抽絲剝繭，因為一定有另一層問題等著你揭開。如果直接問顧客：「你的顧慮是什麼？」他也許願意講，但講的很可能不是真正令他卻步的擔憂。

部分原因在於，人不是每次都知道自己會有某種感覺的真正理由。就算知道，也不見得有辦法用言語清晰地表達出來。很多時候，人們其實對自己也很陌生。想了解這個概念是指什麼，必須先分清楚感覺（feeling）和情緒（emotion）的不同。感覺指的是我們對某種經驗的感受，情緒則是一種複雜的認知發動機，能夠決定我們會有什麼樣的感覺。

一般人都知道自己感覺如何，例如，知道自己什麼時候開心、什麼時候難過，但要解釋為什麼會有這些感覺，就相當困難了。我們最近對此做了一個簡單的課堂演示。我們把學生分成兩組，請他們對某樣商品的構想寫點意見回饋。在操作比較簡單的那一組，我們直接給了他們寫回饋用的文件；另一組則是提高一點難度，他們要點選一個連結才能連到文件，再多花個幾秒鐘就能完成任務。結果，出於第五章會談到的原因，這點小差別在行為上竟然產生了極大的影響：情境較簡單的組別約有七十％的人寫了回饋，但需要點連結的那一組，卻只有約四十％的人寫回饋。

後來，我們私下請學生解釋為何會同意或是不同意這項請求。他們給的主要理由是什麼呢？是他們對這個任務感興趣的程度。簡單組比起稍嫌困難組，更傾向覺得這個任務很有趣，但任務明明一模一樣啊。有不有趣絕對跟我們觀察到的差異沒有關係。稍難的那組能感覺到自己的不情願——他們知道自己不太想寫回饋——但他們並不知道這種勉強的感覺從何而來。

找出心理摩擦力需要費心費力，你不只得確認人們在**做什麼**，還得花時間理解他們**為何要這樣做**。想要察覺心理摩擦力，比起當一個行銷者，更需要像個人類學家——但很少有組織機構會為了這樣的角色去設立部門。

「放隻鳥上去！」ＩＦＣ喜劇系列《波特蘭迪亞》（*Portlandia*）的粉絲大概都對這句著名台詞不陌生，這是出自其中一集，有兩個企業家想出了一個方法，能把零售商店裡看起來普普通通的東西變得更討喜、更好賣——只要用模板鏤上鳥的輪廓圖案，馬上就能把尋常商品變成文青風藝術品。

這部諷刺作品漂亮地描繪出吸引力導向的思維及其缺點。我們集中心力添加火藥，而不是減少風阻。但吸引力有其侷限，想推動創新就必須找到新的方法，我們得停止繼續從吸引力的角度來思考。接下來的章節就要探索另一種新的思維。

3

心理摩擦力①

慣性

熟悉就是讓人安心

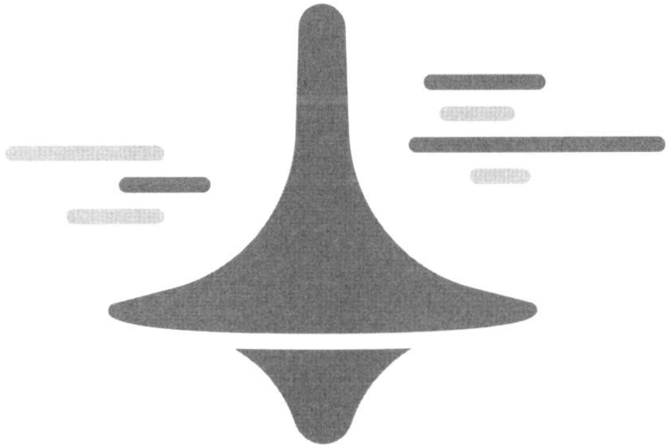

紅透半邊天的美國影集《絕命毒師》（*Breaking Bad*），故事圍繞著兩個令人難忘的角色：其一是高中化學老師華特・懷特（Walter White），他把天賦充分用於製造冰毒；另一位則是他那命運乖舛的前學生傑西・平克曼（Jesse Pinkman），負責將成品拿到街頭兜售。華特一直都是在一輛又老又鏽的露營車上製毒；這在事業起步之初還有點道理，但是到了事業已經發展成跨國網絡、賺取無數利潤的時候，傑西就想不透，幹麼還要繼續用那台露營車。

傑西：「為什麼還要留著這台車？為什麼我們還要在全世界最鳥的露營車上製毒？」

懷特：「大概是因為慣性吧？」

傑西：「對，也是啦。慣性。」

一般人通常不太願意接受新的想法和可能性，即便好處顯而易見、無可辯駁也一樣。因為比起不確定性跟變化，人類心智更偏好熟悉感和穩定感。

心智的這項特色在各領域有不同的名稱，心理學家稱之為**現狀偏誤**（status quo bias），行銷學者稱之為**熟悉效應**（familiarity effect），而我們則跟華特・懷特一樣，稱之為**慣性**。慣性一詞精準道出人心會本能地偏好熟悉的事物。創新者總是會遇到慣性這種心理摩擦力，因為新構想就是需要人們去擁抱未知。我們會在接下來解釋慣性的成因，以及如何因應。

請想像一下你遭遇了船難，困在荒島上，正處於生存模式。你搜查了島上的資源，發現兩種生長繁茂的果樹。一種是香蕉樹，雖然比你平常在水果行買到的更小一點，但無疑是香蕉沒錯。另一種水果你卻從未見過，鮮亮的橘紅色果皮上布滿了尖刺，剖開後可以看到明豔的綠色果肉，裡頭裹著滿滿的黃色種籽。這種果肉質地濕滑、黏稠，聞起來像小黃瓜。你會想吃哪一種呢？對一個求生者來說，答案很明顯：你會選擇熟悉的那一種。

對人類而言，熟悉度會催生好感——比起未知的事物，我們更喜歡自己聽過的。以演化的角度來看也頗有道理，因為比較熟悉就代表有人嘗試過、測驗過，比起完全沒人碰過的東西更安全。熟悉也意味著我們在過去曾經接觸過，也順利存活下來，心智本能地意識到這一點，引領我們趨向比較熟悉的選項。

人類在感知和下判斷時，這種對於熟悉感的偏好實在太過直覺了，以至於我們幾乎沒有察覺到，但這其實就是在大多時候引領我們行動的準則。且讓我們來看一下證據吧！

日久生情，熟悉帶來好感

一九七〇年代，心理學家羅伯特．扎榮茨（Robert Zajonc）進行了一場動物行為觀察，他注意到動物接觸新事物時，第一個反應就是恐懼跟迴避，這就叫做恐新症（neophobia）。等動物再次見到那個物體，恐懼感就會急速減退。一旦接觸的次數夠多，動物對這個物體的好感便會勝過其他比較不熟悉的東西。以被圈養的大猩猩為例，牠們會避免去接觸首次放入圍欄的新東西。假如給牠們從未見過的新玩具，牠們會變得很焦慮；雖然牠們會密切關注這個怪東西，但也只敢從遠處觀望。一兩天之後，原先的警戒會轉變成好奇，再過沒多久，這個原先可怕的玩具就會成為牠們最愛的玩物。

扎榮茨決定要看看人類是否也有同樣的行為模式。在某次令人印象深刻的實驗中，實驗人員找來三位大學年紀的人，經過評定，他們大致擁有相同水準的吸引力（心理學家有一些方法可以測量這種事情）。這三人要去參加同一系列容納兩百人的講座課程。根據指示，他們必須匿名，不得和其他學生交談，課程中也不能隨意出聲，他們能做的就只有參加講座、盡最大努力融入人群。

這三個學生的差異之處在於各自參加的場次。其中一人只現身過一次，另一人參加了五場，第三人則參與了全部十五場的講座。課程最後一天，這三人被帶到教室台前，請全班同學私下為這三人的吸引力評分。

結果很明顯，參加講座次數最多的人被評為最有吸引力，只現身過一次的人被評為最不具吸引力。因為三人都沒有和其他學生有實質的互動，所以唯一的解釋就是，單純只要現身，就能增加吸引力。扎榮茨把這種現象稱為**單純曝光效應**（mere exposure effect）。[1]

已有大量的證據顯示，我們對某個人、物或構想愈熟悉，就會愈有好感。由於對熟悉感的偏好已經習慣成自然，即便我們沒有意識到，也一樣會發生。扎榮茨的團隊為了驗證這個想法，就找人盯著一個看似空白的電腦螢幕。螢幕上會閃現十種不同的不規則形狀，出現時間只有五十毫秒。這對我們的心智來說實在太快了，很難去意識到（我們的意識需要五百毫秒或更長的時間，才能「看到」一樣物體）。實驗的第二階段，是把這十種形狀跟另一個受試者從未見過的新形狀作配對。接著研究人員會問受試者兩個問題：這兩種形狀，你曾經見過哪個？你比較喜歡哪一種？

受試者對於什麼形狀出現過並沒有印象，他們只能用猜的，正確率是四十八%。然而，在潛意識中，單次的曝光卻對他們的偏好有微妙的影響：他們當下大約有六十%的機率會偏好出現過的圖像。[2]

外觀小改造，銷售大災難

廣告對於「產品採用」（product adoption）之所以非常重要，主因就在於慣性。不論我們是在超市或網路上瀏覽琳瑯滿目的商品，總是有某一項因素能比其他因素更準確預測出我們的購物習慣——那就是品牌識別（brand recognition）。我們會買自己聽過的東西。

以線上購物為例，只要你在Google搜尋上面打「高織密床包」，就會出現一長串販售床包被套的公司。傳統觀點認為，商品究竟是出現在搜尋頁面上最令人垂涎的「置頂位置」，還是跑到接近頁面底部，對於顧客是否點擊、最終完成購買，會產生決定性的影響，而搜尋引擎優化（SEO，search engine optimization）主要就是為了確保你的產品能排在最前面。但是很多數據其實並不支持這個觀點。

行銷公司Red C對於人如何進行線上購物，做了廣泛研究。結果顯示，品牌熟悉度對點擊率的影響遠超乎一般人的認知。他們發現，大約在八十%的情況下，人們會選擇自己聽過的品牌，不管它是排在頁面的哪個位置。無論你要找的是遊輪旅行還是送餐服務，大家都會快速滑過頁面，直到找到熟悉的品牌為止。

大眾經常對商品外觀和感受的細微變化出現大反彈，而這種情形最能傳神點出我們對陌生事物的反感。我們以純品康納（Tropicana）因為更換商標而釀災的故事為例。二〇〇九年，純品康納請了廣告巨擘Arnell公司來重新設計商標跟外包裝，目標是要讓品牌看起來更有現代感。於是，柳橙上插根吸管的代表性圖像沒了，讓人容易辨識的配色也換了。雖然產品本身沒有任何改變，一樣還是純品康納，就只是包裝盒看起來不太一樣而已，但民眾就是不賞臉。結果改款不到兩週，純品康納的收益就掉了二十%；推出後不到三十天，新包裝就被下架，改回原包裝。過沒多久，擁有三十年歷史的Arnell公司就關門大吉了。

純品康納並不孤單。看看臉書好了，每次臉書一換版型，都會有用戶強烈抗議，要求換回「原本該有的樣子」。對於出生在X世代和千禧世代之間的美國人，可能會對電視劇《費莉希蒂》（*Felicity*）相當熟悉。《時代雜誌》曾盛讚該劇是有史以來最好的百大電視劇，並將凱莉・羅素（Keri Russell）飾演的費莉希蒂・波特（Felicity Porter）評為史上最佳電視劇角色之一。儘管該劇廣受好評，但當凱莉剪掉他的招牌捲髮時，卻引發粉絲強烈不滿、群起抗議，收視率也暴跌。剪髮事件對流行文化衝擊之大，使得費莉希蒂這個名字成了一個警世寓言，提醒大家改變很危險。每當有電視劇角色外貌大改造的時候，就會被說是「管不住費莉希蒂」（pulling a Felicity）。

當一個備受歡迎的商品或文化象徵的外觀改變時，忠實粉絲總會覺得就是有「哪裡不對勁」。這種不安以及隨之而來的騷動往往令各公司措手不及，因為人們對改變的反應好像比改變本身還要大得多。

身處完美的夢境，你願意醒來嗎？

假設有一台機器可以幫你模擬出完美的生活，讓你名利雙收，住在夢寐以求的房子裡，周遭的朋友都是由你選定。只不過這全都不是真的，你只是在一個漂浮艙內度過一生，腦部接著電極導線。假如你會感覺一切都是真實的，不會發現只是幻覺，你願意一輩子都接在這台享樂機器上嗎？

這個著名的思想實驗，是由哲學家羅伯特・諾齊克（Robert Nozick）所提出，稱作享樂機器（pleasure machine）。他把活得快樂滿足的欲望，與活得真實不虛的欲望拿來相比較。絕大多數人被問到這個問題的時候，都會回答不願意。純粹的享樂主義雖然誘人，但比起只是模擬完美的生活，大家還是寧可選擇有起有落的真實人生。至少看起來好像是這樣。

現在來看一下心理學家約書亞・格林（Joshua Greene）對這個著名的享樂機器實驗所作的重新表述：

你在一個純白色的房間裡醒來，坐在躺椅上，頭戴金屬製的奇怪裝置。一旁站著一位白袍女士，對你解釋道：「現在是二六五九年。您在四十多年前，就已經用這台體驗機器選定了程式，這就是您所熟悉的生活。我們IEM公司每十年就會中斷一次程式，以確保客戶滿意度。我們的記錄顯示，您前面中斷的那三次都表示非常滿意，也決定繼續這樣過下去。跟之前一樣，如果您選擇繼續使用這個程式，就能回到原本熟知的生活，也不會對本次中斷有任何記憶。您的朋友、伴侶跟各項計畫都會一如往常。當然，假如您出於任何原因感到不滿意，也可以中止程式。您會想要繼續使用這個程式嗎？」[3]

在這種情況下，人的偏好就翻轉了，多數人會選擇留在機器裡。「虛擬的享樂」與「現實的生活」之間的取捨完全一致，差別只在於現狀。由於現狀是已知且熟悉的，因此受到偏愛；另一邊的可能性反而是未知的，因此遭到迴避。[4]

我們對已知事物的執著，也可以解釋為什麼談到職業運動時，美國人是社會主義者，歐洲人卻是資本主義者。國家美式足球聯盟（ＮＦＬ）是美國首屈一指的職業運動聯盟，他們的財富共享制度足以讓北歐人會心一笑。這種制度經過刻意設計，用來懲罰成功、獎勵失敗。表現最差的球隊可以挑選最好的新進球員，表現最好的球隊卻只能選最差的；收入最高的球隊，則必須跟小市場球隊分潤。

歐洲足球聯盟的情況就大不相同了，每年都只有少數幾家超級俱樂部在爭奪頭銜。例如西班牙，基本上就只有巴塞隆納和皇家馬德里這兩家俱樂部在對決而已。超級俱樂部之所以會占有這樣的主導地位，主因是它們享有非常豐厚的財務優勢。歐洲足壇很少有薪資上限制度，導致全部六百七十九家俱樂部總收益中的四十九％，被三十家最富有的俱樂部瓜分。每當有球隊陷入困境時，不但沒人撐腰，還會被降級到小聯盟。

美國人很喜歡、也很贊同他們自己的聯盟運作方式，歐洲人也是如此。如果有人要求廢除ＮＦＬ採用的財富共享制度，美國球迷八成會群起反抗，就跟歐洲人會反對改成美式平等主義制度一樣。

以美國和歐洲的政治常態來說，這點其實很奇怪。美國人對財富結構的支持跟歐洲足聯很像，而歐洲的稅務體制卻又反映了NFL的財富分配。但是，假如有任何一個美國政治候選人主張採用歐洲的稅收級距，可能就會自毀前程，而美國的勞工法若在歐洲實施，恐怕也會引發暴動。

無論是身處模擬現實的情境，還是財富分配制度，我們都比較偏好目前現有的體制。不是因為這個體制比較好，而是因為比較熟悉。

慣性扼殺了創新

湯瑪斯．孔恩（Thomas Kuhn）或許是科學哲學中最重要的人物，他認為迴避未知是人類進步的主要障礙。孔恩有個著名的評論：「新觀念，無論經過多麼完整的驗證，或有多麼充分的證據支持，都要等認為它是新觀念的那一代死去、下一代把它視為眾所周知的舊觀念時，才能獲得落實。」德國物理學家馬克斯·普朗克（Max Planck）講得更簡練：「新觀念要憑藉著一場又一場的葬禮才能推進。」

慣性的主要問題是，它會滋長不作為，而不作為又剛好是創新者所要對抗的。慣性會讓我們選擇比較熟悉的事物，而不是選擇可能更好但不確定的選項。這種本能正是為什麼俗話會說「『好』是『偉大』的敵人」（Good enough is the enemy of great.），它會使人停滯不前，對新觀念產生抗拒。

不過，不作為並非慣性損害創新的唯一方式。就算人們願意脫離現狀，在追尋機會或解決問題時，慣性也會限制我們把哪些選項納入考量。以投資決策為例，投資者會偏向投資本國股票，這通常稱作**近鄉偏誤**（home bias）。例如日本投資人會把八十%的資金投入日本上市公司，儘管這些公司只占全球資本總額的九%。[5]目前全球十大企業的市場資本來自三個國家，分別是中國、美國和沙烏地阿拉伯，這也意味著典型的日本投資人缺乏觸及全球最大企業的投資機會。

對熟悉事物的偏好，還會限制另一種投資：我們的社會資本。好的專業人際網絡（professional network）就是多元化的人際網絡。經驗、世界觀和培訓等方面的多元化，可以讓人接觸到新的思維方式，並獲取單靠個人所無法得到的知識、訓練和專業。基於上述理由，許多商業界的專業人士認為，擁有多元化的人際網絡是通往成功的門戶。當我們問凱洛格學院的ＭＢＡ和ＥＭＢＡ學員為何要來參加這個學程，最常聽到的理由就是，想要藉機建立更多元的專業人脈。

然而，在概念上理解它的價值和身體力行卻是兩碼子事。ＥＭＢＡ的學程中，有一項是請學生登記參與「商務交流聚會」（business mixer），當作與其他各行各業的商業領袖建立人脈的機會。每一位同學身上都別著一個電子晶片，記錄他們跟誰談過話、談了多久。交流會開始之前先作了問卷調查，這群高階主管都表示主要目標是結識來自不同行業的人，但他們實際上並沒有這麼做。事實證明，最能預測他們在交流會上跟誰談最久的因子，就是他們是否認識對方。這些人花最多時間交流的，其實是他們早就認識的人。預測效果第二好的因子，則是他們是否來自同一個產業。雖然這些學生期望人脈能多元化，但實際狀況卻是律師找律師聊、管理顧問找管理顧問聊，以此類推。

儘管多元化的好處很多，但我們對熟悉事物的偏好，卻使人去找跟自己相似的人建立關係，這個現象被社會學家稱作**同類交往**（homophily），意即物以類聚。我們這麼做是因為感覺比較舒服，我們比較容易相信跟自己想法相同的人。

出於對熟悉事物的本能偏好，就算我們對新觀點抱持開放態度，創新者和組織機構也不會把所有的機會跟解決方案全部納入考量，他們只會選擇熟悉的——也就是他們曾經嘗試過或符合他們文化的那幾種。

4

克服慣性

把陌生變成熟悉

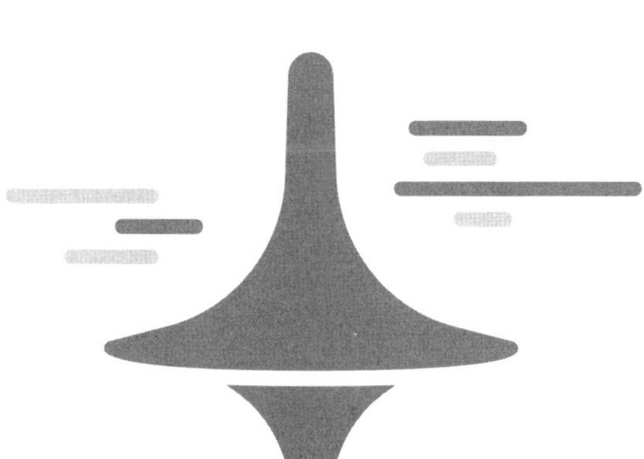

慣性是阻礙創新與改變的心理摩擦力。克服慣性不難，至少在概念上是如此。我們需要把不熟悉的事物轉換成熟悉的，因為一旦熟悉度增加，心理摩擦力就能減輕。我們的目標是要讓新構想感覺像個老朋友，而不是外來侵略者。本章就要說明克服慣性的兩大方向：**讓人適應改變**和**製造相對性**。如果使用得當，這些技巧可以緩解對新構想的阻力，甚至可以轉化我們的熟悉偏誤，把心理摩擦力變成吸引力。

讓人適應改變

新構想就像啤酒一樣，你第一次喝的時候，喝得慣嗎？多數人喝酒的初體驗都不是很好，但久而久之就習慣了。一段時間之後，之前覺得不好喝的味道就會搖身一變，成為漫漫長日後的一種慰藉。

但請想像一下，假如你第一次喝啤酒時就必須做出承諾，發誓要麼繼續喝，要麼永遠都不碰，很多人大概連想都不用想就會給出否定的答案，但他們單純只是還沒有足夠的時間去習慣罷了。倘若想推廣喝啤酒，用這方法可就糟了。

然而，許多領導者和創新者就是會踏上這條歪路。跟啤酒一樣，新構想往往會在人們口中留下一股怪味，但隨著熟悉度增加，心理摩擦力就減輕了。很多時候，在我們提出新構想的那個當下，其實就是在要求別人做出決定。雖然這種情況很常見，但老實說這麼做還挺糟糕的。我們該做的反而應該是在請人家買單之前，就先讓對方習慣新構想。如同我們上一章看到的，熟悉感來自於新構想的曝光。接下來就要介紹可以「讓人適應改變」的五種策略。

策略①：重複曝光

單純曝光效應的研究證實，「接觸」可以帶來好感，而這種現象還有一種變體，心理學家稱為**真相錯覺效應**（the illusion of truth effect）。概念上是說，我們聽到一種說法愈多遍，就愈有可能相信、贊同這種說法。在一個典型的實驗中，受試者會看到一連串敘述，其中有些是對的，有些則是錯的，而他們必須判斷每個敘述的對錯，像是「克萊茲代爾（Clydesdale）是馬的品種」（是事實沒錯）或「馬士提夫（mastiff）是馬的品種」（並非事實）。

休息一段時間之後——可能隔幾分鐘、幾天，甚至幾週——就會進入實驗的第二階段。這次，有些敘述是新的，有些則是之前第一階段就見過的。這裡的關鍵發現是，無論某個敘述究竟是對是錯，受試者會單純因為自己看過便傾向認為它是事實。而且一個敘述出現愈多次，效果就愈強烈。[1]

儘管這種「一再重複便能成真」的作用是近幾年才被科學證實，但其實幾千年前，就已經有頗具影響力的領導者明白它的強大威力。公元前一三二年，人稱「老加圖」（Cato the Elder）的羅馬政治家來到了迦太基城，他被羅馬派來協助迦太基與努米底亞王國進行和談。他一進城門，就對自己眼前的繁榮景象和軍事力量深感震驚，也非常擔心迦太基的強盛會對羅馬構成威脅。

加圖認為，羅馬應該要在繁盛的迦太基變得過於強大之前發動攻擊。他在元老院大力鼓吹對迦太基宣戰，無論他每一次發言的主題是什麼，他在最後都會附帶一句「迦太基必須毀滅」。他知道只要再三重複，終能獲得支持。

大約兩千年後，拿破崙也得出了相同的結論。他曾說：「修辭中最重要的語法只有一個：重複。經由不斷重複一個主張，它就會在心中生根，最終被接受而成為顯明的真理。」

藉由反覆曝光，新穎的構想也能讓人有熟悉感，這在政治上是再基本不過的競選策略。一個訊息被一而再、再而三地講，講久了選民就會信以為真。推廣產品的傳統作法就是打廣告，藉此重複曝光。然而，企業內部卻常常錯失使用重複手法的機會。在我們的經驗中，領導者的新構想往往深藏不露，他們打算先把細節搞定，等準備好了再發布，但這等於是不給員工足夠的時間跟機會去熟悉新的變革。

相對於此，領導者真的該學學老加圖，善用每一個可以展現新構想的機會。管理顧問（management consulting）領域有時會把這種做法稱為想法植入（seeding），其目的是在要求對方做出改變之前，先早早把想法栽植到他們的腦中。就像我們曾訪談過的某荷蘭籍變革管理顧問說的：「鬱金香在春天盛開，卻在秋日栽種。」

要謹記的是，重複不見得非要靠創新者不可。新構想一旦獲得注意，受眾就會把它掛在心上，反反覆覆「再三思量」，此時的關鍵因素就是時間。時間可以讓受眾有機會自行去跟新構想變熟。洛蘭做了一個簡單的課堂實驗來證明這一點，他提議要展延一項作業的繳交期限，雖然學生可以有更多時間完成作業，但這也表示他們想拿到期末成績，必須等更久的時間。在週二晚間的課程，他在講課結束時提出這個變更的想法，並馬上請學生投票，結果約有三十%的學生反對新構想。而在週三晚間的課程，他在開始講課之前就先提議，並告知學生在三小時的課程結束後會進行表決。在有更多時間考慮的情況下，只有五%的學生表示反對。

策略②：從小處做起

新構想引起的變動幅度會因情境而異，有時只是逐步微調，有時卻會造成極大的動盪。倘若巨幅變動無可避免，那麼先從微幅曝光開始做起，比較能被人們接受。雖然隨著時間過去，人總會習慣酒精的味道，但我們多半還是會覺得某些酒不合胃口（像大衛就喝不慣南方安逸香甜酒），原因無一例外，都是因為最初嘗試的時候喝太多了。

「從小處做起」的概念是治療恐懼症最有效的基礎，這就是漸進式暴露療法（incremental exposure therapy）。它的運作方式如下：想像一下某人被診斷有蛇類恐懼症，而且還不是普通程度的害怕，是會嚇到僵直呆立的程度。這種恐懼感強烈到會讓當事人無法走進院子，只因為深怕草叢中藏了一條蛇。請試想，現在有種方法可以克服那樣的恐懼，毋需經年累月的治療，只需要幾個小時，搞不好不用四十五分鐘就能治好，這正是漸進式暴露療法保證能辦到的事情。

治療的一開始會讓患者透過單面鏡看向另一個房間，房間內有個玻璃飼養籠，裡頭裝著一條蛇。患者剛瞥見這條蛇的時候，可能會感到驚嚇，但十至十五分鐘之後，患者就會習慣，這是治療的第一步。接著治療師可能會請患者站在那間有蛇的房間門口，直到感覺自在為止，這是治療的第二步。而第三步，是要讓患者坐在距離蛇十英尺的椅子上。這些步驟會持續漸進下去，直到患者能讓蛇纏在大腿上，這時候多數患者都會開始讚揚蛇的美麗。

想想如果在療程之初，治療師就要求病人把蛇捧在手心，那是絕對行不通的。改變若令人生畏，人們就會與之對抗。這種心理學概念放諸四海皆準，不管是想改善病人的恐懼症、改變顧客的消費習慣，還是改動組織的習慣性做法，都一樣。若能從小處做起，翻天覆地的變革就更有可能成功。

公共數位（Public Digital）是一家總部位於英國的管理顧問公司，專門協助政府和大型機構轉型，以因應數位化時代的新商業模式。他們也跟馬達加斯加等國的政府機關合作，使公共服務（如公共設施的支付方式）能更快速、更有效率，也更便民。這類型的組織進化，以專業術語來說，就是數位轉型（digital transformation）。

要對已經存在了幾十年的體系和技術（包括看管它們的人）進行大改造，會產生極大的心理摩擦力。領導階層雖然能輕易接受現代化的前景，但第一線員工看到的卻是另一回事。這群人在職涯大部分的時間都因循著特定方式來提供產品和服務，此刻卻被要求在一夕之間改變工作方式。

像公共數位這樣的公司，要如何讓歷史悠久的機構現代化呢？祕訣就是：從小處做起。根據公共數位公司的合夥人兼技術長詹姆斯．史都華（James Stewart）的說法，很多組織機構以為改革就該大刀闊斧地起步，然而事實卻恰恰相反。這就是為什麼詹姆斯在溝通階段初期，會避免使用數位轉型這個詞。轉型意味著全面變革，但史都華的建議剛好相反，他要的是縮減目標的變動幅度。「我們該向組織釐清他們接下來想達成的重要事項是什麼，而不是他們的『數位轉型』目標。然後我們會用規模較小的那一個方案，把它當作一次機會，用來展示數位化為主的做法，讓他們看到這種新做法的價值。這麼做可以縮減變革幅度，讓它變得更容易消化。一旦成功，就能發揮燈塔一般的功能，讓組織可以從中獲得更多靈感。」

公共數位公司用了另一種方法來實踐從小處做起的策略，他們並沒有一下子就灌輸整個組織必須接受現代化，而是在起步時先組了一個小團隊，只找五到六個願意用新方法辦公的人，再請這些「初期採用者」向更多同僚分享經驗。這種漸進做法能讓組織裡持懷疑態度的成員有時間來適應新方法。

公共數位公司對抗慣性的另一個重要策略就是重複，他們常常把成功的小故事重複散播出去，比如加州的ＩＴ部門聘請該公司協助現代化改造時，致勝的關鍵之一，其實也不過就是一個部落格。詹姆斯是這麼說的：

團隊創了一個風格簡明、每週更新的部落格，名為「好好做事，好好完成」。整個格式簡單明瞭，團隊會分享未來一周的目標，以及上一周完成的內容，就這樣而已。但他們是開放給所有感興趣的人閱讀，透過分享這些微時刻（micro-moments），揭開轉型和數位服務的神祕面紗，也讓團隊得以說動其他人親手試試。果不其然，光是公開討論這些微小的進步，對加州政府的轉型嘗試來說就是一大創新，其影響就跟數位化的科技本身一樣重大。

重複和從小處做起，是我們可以把事物從不熟悉變成熟悉的兩種方法。兩者都需要時間和機會，但我們未必一直都具備這些條件。底下再來介紹幾種馴服慣性的策略。

策略③：找熟人代言

雖然我們想推廣的訊息有可能聽起來很陌生，但傳達這個訊息的人卻未必也是如此。我們很容易被資訊的傳遞者所左右。通常人們比較樂於接受自己認識或是與自己相似的人所傳達的訊息。

荷蘭奈梅亨大學（Nijmegen University）的心理學家瑞克・范・巴倫（Rick van Baaren）做了一項實驗，要求受試者針對一系列廣告給出意見回饋，但這只是該實驗的表面目的。實際上，進行這項研究的實驗者會在互動時，不著痕跡地模仿受試者的動作。實驗者會大致模仿受試者的姿勢、手臂和雙腿的擺放位置、說話的語氣和音調，而且還得注意不能做得太明顯。心理學家把這個稱作鏡像模仿（mirroring）。對照組的實驗過程也都一樣，只差沒有鏡像模仿。

在互動過程中，實驗者會看似不小心地讓一把原子筆散落一地。有被模仿的受試者幫忙撿筆的機率，比對照組大約多了三倍。才不到幾分鐘的時間，鏡像模仿就產生了一種連結感，讓人對實驗者更有好感。[2]

在銷售和演講的領域，這就叫做**聽眾微調**（audience tuning）。有經驗的講者會知道，要在比較正式的場合表現出莊重的態度，而在一般的聽眾面前，又要表現得不那麼嚴肅。我們在第二章提過的那位全球銷售紀錄保持人阿里．瑞達，就曾和我們分享了一個跟聽眾微調有關的趣事。阿里注意到汽車銷售市場中，還有很大的一塊市場是他之前未曾接觸的，也就是在密西根州快速增長的墨西哥裔美國人。他覺得自己不太了解這個族群的需求和愛好，再加上西班牙語講得很破，使得他的那種以人為本、從而建立信賴感的銷售法，面臨非常大的阻礙。所以當阿里決定收徒弟的時候，他就找上卡洛斯。卡洛斯雖然沒有銷售經驗，但他是密西根墨裔美國人族群的一員。阿里驕傲地說，卡洛斯一個月可以交出三十輛車，這個紀錄足以讓他在全國任何一家車商找到工作。最棒的是，卡洛斯的成功並沒有瓜分掉阿里的銷售額，他是自己開闢出一個新市場，把餅做大了。

策略④：連結既定印象

知更鳥和澳洲鴕鳥都是鳥類，但知更鳥的外型跟我們對鳥類的既定印象極為接近，只要一說到鳥類，就會想到知更鳥的模樣。相對而言，雖然澳洲鴕鳥也是鳥，但牠的外貌跟大眾對鳥類的既定印象差很多。多數的新構想，無論是創新商品或新的工作流程，都屬於一個更大的類別。而符合既定印象的構想，往往比跟既定印象不符的構想更令人熟悉，也因此較受歡迎。倘若一個新構想和我們的既定想像不符，就會產生心理摩擦力，因為大腦需要花費更多力氣才能搞清楚狀況。改頭換面雖然乍看之下不錯，具備令人激賞的雄心壯志，但如果提出一個「澳洲鴕鳥」類型的創新，很多人就會因為陌生而難以接受。

特斯拉就是一個方向正確的絕佳範例。特斯拉剛起步時，「把汽油車改成電動的願景」對大多數人來說就已堪稱是改頭換面。像特斯拉這樣走在時代尖端的公司，你可能以為他們會把車子的裡裡外外都重新設計，但其實第一台特斯拉電動車Model S推出的時候，外型跟我們對車子的既定印象沒什麼兩樣。雖然它的運作方式不同，內部還有一堆酷炫的新功能，但視覺上卻很令人熟悉。後續的車款，像是Model X的鷹翼車門，或是具有未來感設計的電動皮卡，外觀就不那麼符合我們的既定想像。不過，現在特斯拉已經成為耳熟能詳的品牌（也就是說，資訊傳達者是我們熟悉的），所以他們就更有偏離常模的空間了。

策略⑤：善用類比

「這就像狗主人的Uber」、「這就好比院子用的Roomba掃地機器人」。如果大眾沒辦法馬上對創新事物產生熟悉感，那就拿他們熟悉的事物來對照，這種方法稱作**類比**（analogous comparison）。類比是指把兩樣事物間的共通點拿來做對照，而這樣做之所以有效，是因為能讓不熟悉的事物變得熟悉。只要把某事物變成與人們的已知領域相似，便能引導他們進入未知的新領域。

約翰．波拉克（John Pollack）是前總統的演講撰稿人，同時也是《捷徑》（*Shortcut*，暫譯）的作者；他在書中就提到了類比的威力。這本書講述了個人電腦在研發初期，賈伯斯（Steve Jobs）如何利用類比來讓眾人擁抱新科技的故事。在電腦問世以前，人是在實體場域中工作，我們用的是紙、筆和實體的資料夾等，跟在虛擬世界工作的概念有天壤之別；至少是「看起來」有天壤之別。賈伯斯所理解的實體辦公室，本質上與虛擬辦公室很類似。為了贏得大眾信賴，賈伯斯把眾所周知的傳統工作場域與嶄新、陌生的虛擬工作場域做了強而有力的類比。

在電腦出現之前的工作場合中，把想法寫在紙上的這種東西稱為「文件」，收納文件的物品稱作「資料夾」，而這些資料夾則是被放在「桌面」上。我們在虛擬工作場域之所以會使用「文件」、「資料夾」、「桌面」這些詞彙，是因為賈伯斯知道使用熟悉的話語可以讓新科技更好理解。實體與虛擬工作場域之間的對應關係現在看起來顯而易見，但是對於一九八〇年代的人而言卻非如此。賈伯斯對於類比的直覺，幫助我們邁入個人電腦的時代。

製造相對性

想像某個明媚的夏日，你漫步走進芝加哥市中心的Nike專賣店，為自己挑了一雙超棒的運動鞋，也替孩子選了幾套運動服，總價是三百美元。付款前，店員忽然提議，最近有家Nike特賣店剛開幕，就在五個街區外，而且你運氣還真好，想買的這些品項那邊剛好都有，你在這兒買要花三百美元，但如果去那家特賣店買，可以省五十美元。你覺得自己聽了會作何感想？我們敢說你一定心情超澎湃，或者至少應該會滿驚喜的。而且我們猜，應該很多讀者會樂意多走這五個街區。

現在來想想另一個類似的情境。你正在賞車，也找到想要的車子了，正要簽約的時候，業務忽然跟你說，順著這條路下去五分鐘左右的路程，有另一間汽車展示中心。你要花三萬美金買的這台車，如果在那裡買，可以省五十美元。這下子你會作何感想？也許你會覺得被冒犯、沒興趣，或是有點困惑，但總之心裡肯定會不太高興。

這說來就很謎了，理性的人應該會對這些意見一視同仁。兩者投入的時間精力差不多，省下的錢也一樣都是五十美元，不多也不少；五十美元可以讓你在鄰家小酒吧舒舒服服地過一晚。但，人類並不是理性的動物。

這個案例讓我們看到**相對性**的力量，我們對這個世界的理解，完完全全、徹徹底底，都是基於相對的方式。請稍微想一下你的人格特質，用一到五分回答下列幾個問題：你這個人有多有趣？多有創意？多有抱負？雖然你未必會意識到，但其實你在回答的過程中，會把題目稍作更動，真正拿來自問的題目變成是：**我跟別人比起來，有多有趣？多有創意？多有抱負？**你沒辦法憑空回答這些問題。洛蘭住在荷蘭的時候，他自認很外向、善於跳舞，但搬去巴西之後就改觀了。

我們是依據相對性來看待這個世界的。請看左邊的圖示，注意中間的那兩個圓。我們很清楚這兩個圓的大小一樣，甚至拿尺量過，但我們看到的偏偏不是這樣：右邊中間的那個圓看起來就是比較大，因為周遭環繞它的圓比較小顆。

相對性不僅顯示出我們看待自己與物體的方式，也形塑了我們對構想和機會的看法。我們不會憑空理解一個新構想，而是會依循背後的脈絡。然而，我們在說服別人接納改變之際，卻很容易忽略這個事實。

請試想，假設你希望員工用新的應用程式來建立支出報告，該怎麼做比較好？我們猜你會採用吸引力導向的方法，跟員工說明新系統的優點，例如解釋新程式比較省時之類的。

有注意到其中的大問題了嗎？

圓圈的視錯覺

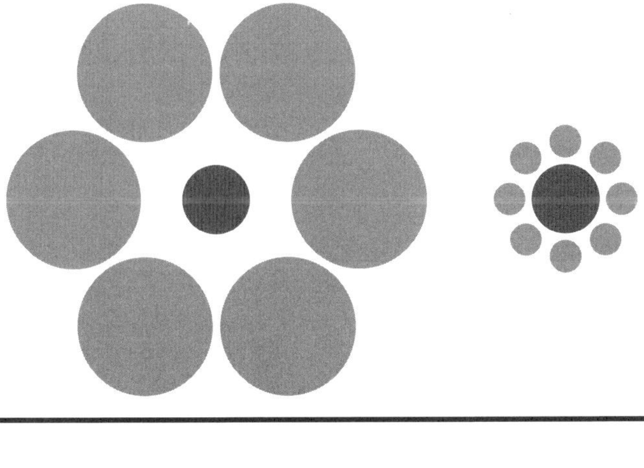

請自問，在這種情境下，相對性是會：(A)對你有利，(B)對你不利，還是(C)不相關？我們把這個問題丟給ＭＢＡ的學生，結果約有七十五％的人選(C)，因為他們直覺上認為員工只有一個選項需要考慮，所以相對性在此沒有影響。這麼想可就錯了。

當你在跟別人說明新的做事方法時，背後往往都藏著一個會被拿來比較的基準點，那就是「現狀」。一般人很常拿新事物跟自己感覺舒服、熟悉的事物對照，這種做法對創新相當不利，因為多數人都寧可舒服自在，也不願侷促不安。

好消息是，如果我們能理解相對性運作的原理，就可以把慣性從摩擦力轉化為吸引力。方法就是針對比較基準點先下手為強。想要產生影響力，黃金法則就是永遠不要只給一個選項。因為如果你只給人們一個選項，他們就會本能地將新事物與自己熟悉的東西比較，而熟悉的那一方總是會獲勝。相對地，我們應該創造多個對我們更有利的比較基準點。這邊介紹兩個可以讓相對性對你有利的策略。

策略①：提供極端選項

請看看左邊那張葡萄酒單。哪支酒最吸引你的注意？我們猜應該是那支一百二十五美元的紅酒。它會特別顯眼，是因為相對之下比酒單上的其他品項更顯極端。

餐廳紅酒酒單：一百二十五美元的酒讓其他酒的價位看起來更合理

紅酒

黑皮諾精釀紅酒 2008	$17.99
卡本內蘇維濃紅酒	$23.99
維歐蕾莊園希哈紅酒	$24.99
拉佛瑞勃根地紅酒	$22.99
薄酒萊村莊級紅酒	$44.99
喬治杜柏夫經典摩恭紅酒	$29.99
栗子樹城堡乾紅酒	$19.99
羅蘭城堡中級酒莊紅酒	$25.99
歐蒙丹城堡紅酒	$125.99
聖愛彌麗拉格特城堡紅酒	$25.99
阿貝隆河丘紅酒	$50.99

大部分的酒都在差不多二十美元上下，以至於一百二十五美元的酒看起來特別突出。為什麼要把這支酒列在這裡呢？當然啦，你如果要把錢花在這上面，餐廳肯定會拍手叫好，但這並非這支酒列在這裡的真正原因。它被列在這裡，是為了讓你可以更理所當然地購買下一個價格級距的紅酒——看是要買四十四．九九美元的薄酒萊村莊級紅酒，還是五十．九九美元的隆河丘紅酒。

一般人在世界各地旅遊時，對於該花多少錢在紅酒上並沒有什麼概念，他們對於紅酒價格只知道個大概而已，最主要還是根據上下脈絡（在此就是酒單）來引導自己的選擇。如果單子上最貴的酒是五十美元，那麼點一支五十美元的酒感覺就好像在亂撒錢。既然一瓶一百二十五美元的酒出現在這上面，那麼點一支五十美元的酒好像就合理多了。這就跟圓圈的視錯覺一樣，高價位的酒讓其他的酒看起來都變便宜了。對創新來說，這堂課的啟示就是，要多給個極端的選項，讓其他選擇相較之下看起來更為合理。

你有注意過電影院的爆米花份量選項嗎？有小、中、大和特大號的爆米花（應該改叫「水桶大」爆米花）可供選擇。跟一百二十五美元的酒一樣，特大號爆米花會出現在選單上是有戰略考量的：能讓你從中杯爆米花改成買大杯爆米花。

勇於提出最佳選項

幾年前，有間專做廢棄物處理的私人環保公司，不辭勞苦地想辦法成長，他們負責整個北美中西部餐館、商場和企業的垃圾清運。對新進業者來說，這是個競爭激烈的行業，而這家初出茅廬的產業新秀靠著簽訂高折扣的短期契約迎來了新商機。起初，他們要求至少簽一年的合約，幾乎所有客戶也就只簽一年（跟你想的一樣）。他們的目標是在不砍價的情況下，增加願意簽長期合約的客戶。

這間環保公司的解決方法是提供多個選項，具體來講有一年、三年和五年的合約可選。猜猜結果如何？馬上就有客戶簽下三年合約。相較於簽五年合約，簽三年聽起來好像不算太長，這是相對的觀感。人們對合約期間長度的認知一旦改變，行為也就跟著改變。

這個故事有個細節帶出相當重要的洞見，直指我們創新時常有的壞習慣。這間公司並不是只有拿到三年合約而已，有時也拿得到五年合約，這當然讓他們很開心，但我們好奇的是，如果五年合約對公司有利，為什麼不一開始就提供五年合約的選項？結果我們聽到的是：他們怕這樣會顯得太貪心。這邊可以思考一下，我們尋求變革時，推銷出去的往往不是我們最理想的選項，而是覺得聽起來不錯又實際可行的選項。之所以放掉最理想的選項，就是因為我們怕自己要求太多了，害怕一旦提出來就會引起對方反彈。既然此刻我們已經對心理學的相對性概念了然於心，那就知道這麼想可是大錯特錯。**永遠都要突顯最理想的那條路徑**，因為就算最佳選項太過頭了，也還是能讓其他不錯的選項看起來變得更棒。

上述兩例牽涉到價格和時間，這些都是很容易量化的變數。假如我們想要改變的行為有精確的測量單位，包括份量大小、合約長短、金錢多寡等，「給個極端選項」的策略就會比較好用。我們通常都能想出這類策略，最多只需要腦筋急轉彎一下。

凱洛格商學院的招聘季節是秋季班。多年來，洛蘭一直想說服管理學院的同事做一件創舉：聘請一位神經科學家。洛蘭認為聘用神經科學家對學院有兩大好處：第一是能讓學院突破創新，畢竟學術相關系所很容易故步自封，而行為神經科學有豐富多元的見解，是個令人振奮的新領域。第二，這麼做可以創造差異性，因為其他管理學院很少有神經科學家擔任教職，如果學院聘用的話就能有所區別。

但也正是這些理由引發了心理摩擦力。這個新做法史無前例，摩擦力不是只有慣性而已，還包括身分認同的問題，像是：這個人跟我們合得來嗎？聘用這種走在時代前端的後起之秀，會不會讓原本的教職員顯得太落伍？

假如洛蘭只顧著解釋聘僱神經科學家的好處，同事可能會本能地把這種新型態的教職員與傳統教職員做比較——「傳統」意指院所通常會聘用又好相處的那種人。也就是說，如果洛蘭按照往常的做法，相對性就會成為阻礙創新的心理摩擦力，讓人把熟悉跟陌生的選項拿來相比較。他該怎樣做，才能讓相對性從心理摩擦力轉變為吸引力呢？

洛蘭意識到，如果想把自己的構想套入一個較為有利的脈絡，就必須設法把所有可能邀請的神經科學家分成不同的類型。他靈光一閃，想到可以把聘僱的類型分成兩種：混合型與純正型。「混合型」神經科學家指的是，做研究的時候能跟管理學者發出同樣的疑問，像是如何提高員工的積極度，或是如何鼓勵團隊合作，差別只在於神經科學是用不同的工具來回答這些問題。另一種則是聘僱「純正型」的神經科學家，也就是會針對人類行為問一些更基本的問題，例如情緒如何改變人們處理資訊的方式。

他為團隊提供可能人選的名單時，總是提供混合型的人選。關於相對性的科學研究帶來的啟發就是，要創造一個更極端的類別（純正型）來做為比較基準點，以減少新構想面臨的阻力，這麼一來，僱用混合型人選的想法就不會感覺那麼陌生了。

策略②：強調次佳選項

回到前面說的支出報告的軟體案例。你對目前使用的產品不太滿意，想找個更好的選擇。就你所知，市場上有三種產品可供挑選。選項A跟你們公司目前使用的軟體有同樣問題，根據其他用戶的心得，它的操作介面很笨拙，是市場上推出的第一代產品，外觀也沒更新，因此選項A顯然不是明智的選擇。選項B就很不一樣了，不只介面漂亮、操作順手，還因為對使用者很友善而大獲好評，客服支援也是有口皆碑。但問題來了，它的價位是目前這款的兩倍。產品好歸好，但價格實在讓人下不了手。最後則是選項C，使用者介面同樣出色，客服支援雖然沒有選項B那麼好，但也明顯比現有的這款提升了一個檔次。不過，跟選項B不一樣，選項C的價格只比目前的稍微高一點。綜觀這幾個選項，該選哪個很明顯：選項C獲勝。

那麼該如何說服團隊採用選項C呢？一般的做法是讓同事看看這個選項有多好、讚揚它的優點。談到這裡，這個策略的問題應該呼之欲出，那就是沒有處理比較基準點。你的同事很容易會把選項C跟現有的產品比較，就像反射動作一樣，而現有的產品就算不完美，至少他們知道問題在哪，還比你提議的產品便宜。

為了消除這種心理摩擦力，我們必須更動比較基準點。與其讓人拿選項C跟現有的軟體比較，你倒不如拿它跟次佳的選項比較。或許可以先用以下的說法開頭：「大家都知道，我們現在的支出報告軟體有些問題。現在市場上有三款軟體，我認為其中一種明顯勝出，那就是選項C。但為了讓大家能充分評估，我想簡單介紹一下另外兩款，幫助各位了解它們的優缺點。」

只要把其他選項的缺點攤開來講，就能提升優勝選項在他人心中的價值。請注意，我們並沒有把所有選項都放在相同的立足點上，我們不是告訴大家「請從三款裡面挑一款」，而是把次佳選項當作參考基準點，讓勝出的選項有脈絡可循。

中杯爆米花的誘餌效應

這是一種被消費心理學稱為**誘餌效應**（decoy effect）的現象，它是這樣運作的：假如只有兩種選項，而我們被迫在兩種正面特質之間作取捨，例如價格對上產品的性能，那麼消費者就會根據個人喜好去挑選。如果你在乎的是價格，就會選比較便宜的那一種。但假設出現第三種選項，強調產品的性能，但跟既有那種也強調產品特性的選項一比，卻又比不上，那麼人們就會被引導去選擇性能較優的那個既有選項。

為了說明這個概念，這裡要談談如何應用誘餌效應，讓人決定買大杯爆米花，而不是只買中杯爆米花。在第一種情境下，電影院觀眾可以選擇三美元的小爆米花或七美元的大爆米花。多數人會選擇小杯的，代表他們在乎省錢更勝於較大的份量。

在第二種情境下，觀眾有三種可以選：小杯的三美元、大杯的七美元，以及做為誘餌的選項，也就是六．五美元的中杯爆米花。之所以稱為誘餌，是因為中杯跟大杯的價差很小，份量卻相差很大。假如選項改成這三種，多數人就會改買大爆米花。但為什麼會這樣呢？因為只要花差不多的錢，就能買到更多的爆米花，相較之下，誘餌能讓大爆米花看起來更划算。

設置誘餌選項是特別有效的一種行銷交易技巧。雖然有些讀者不介意使用這招，但還是有很多人不太能接受這種策略。我們在此想清楚區隔「強調次佳選項」與「設置誘餌選項」這兩種策略。在軟體的那個案例中，你並沒有假造選項來扭曲別人的想法，你只是幫他們把你認為比較好的選項放進脈絡之中呈現。如果其他人跟你的想法一致，那麼次佳選項就能減少慣性造成的心理摩擦力。這種做法既誠實，也能讓對方有能力做出更明智的決定。

母泡蟾的理想配偶

綜觀整個動物界，雌性在選擇配偶時，往往具有敏銳獨到的品味。猩紅麗唐納雀（scarlet tanager）的雌鳥在尋覓對象時，會找身上帶有獨特猩紅色羽毛的雄鳥；藍腳鰹鳥（blue-footed booby）的雌鳥會找舞步跳得最好的雄鳥（如果你還沒看過，請Google一下），而泡蟾（túngara frog）則是把重點放在叫聲。每年春天，數以百計的公泡蟾會聚集在池塘裡齊聲鳴叫。這些泡蟾大半生都會避免製造噪音，因為蝙蝠是牠們的頭號天敵，只要發出一兩聲鳴叫，蝙蝠就能憑回音定位找到一頓大餐。然而，儘管有風險，公泡蟾為了求偶還是會盡力高聲鳴叫。

阿曼達．莉亞（Amanda Lea）和馬克．萊恩（Mark Ryan）是研究青蛙求偶叫聲的科學家（相較之下，我們目前的工作好像有點無趣）。一提到母泡蟾，這兩位專家非常清楚牠們要的是什麼。牠們期待長聲鳴叫，這代表公泡蟾能持續發出長音；牠們也想聽到低音鳴聲，因為牠們偏好男中音；還有，牠們喜歡快速的鳴叫頻率，公泡蟾重複鳴叫的速度愈快，牠們愈愛。

只要有鳴叫長度、音高和頻率這三種變數，莉亞和萊恩這兩位博士就可以精準地把平凡雄性與風流才子區分開來。二〇一六年，他們做了一場實驗，證明相對性是普遍存在的力量。他們把母泡蟾放進水族箱中，角落擺了一個喇叭，播放不同雄性的求偶叫聲，叫聲的變化令人印象深刻。他們發現，如果鳴聲出自最理想的一流配偶，有達到母泡蟾的標準，牠就會朝鳴聲跳過去；但如果鳴聲出自二流的配偶，低於牠的標準，牠就會往鳴聲的反方向跳。

這兩位科學家很好奇，如果設置一個次佳的比較基準點，會發生什麼事？泡蟾會遵循同樣的相對性法則嗎？為了找出答案，他們在水族箱的另一端擺上第二個喇叭。這兩位科學家同時播放兩種不同的雄性叫聲，分別來自二流及三流的配偶。雖然母泡蟾之前對二流的公泡蟾不感興趣，但只要跟三流的公泡蟾鳴聲（次佳選項）同時播放，二流的那位就達標了。

以下是一個推動改變的簡單版流程：

步驟①：找出問題。

步驟②：蒐集可能的對策。

步驟③：決定最佳解決方案，捨棄不好的選項和遙不可及的選項。

步驟④：把解決方案推薦給你的受眾。

從相對性原理可知，我們往往會在步驟③和步驟④犯錯。我們習慣把不好的選項挑出來，有時甚至會害怕自己要求太多，而不情不願地拋棄最理想的方案。我們錯誤地讓別人只有一條路可走，也就是還不錯、但還稱不上最理想的那個選項。你知道這個選項不錯，部分原因是已經考量過其他較差的選項，並決定將之刪去。雖然你心裡有底，但受眾並不知道。你其實應該把自己的想法放進脈絡中呈現，給對方一個比較基準點，因為一切事物都是相對的。

重點回顧

克服慣性

人類的心智天生偏好熟悉的事物，但新構想需要人們去擁抱未知。對創新者來說，「慣性」這種心理摩擦力隨處可見。為了馴服它，我們必須把陌生轉變成熟悉。慣性在兩種情況下的影響特別大：其一是創新或改變會使人大幅脫離現狀，其二是人們沒有足夠的時間去適應變化。想知道你的新構想會面臨多大的慣性摩擦力，可以先自問這三個問題：

1. **這項創新會大幅改變現狀，還是只是在之前做過的事情上略作調整？**

   翻天覆地的構想很容易跟慣性逆勢而行，因為人類天生就會對未經驗證的陌生構想感到不信任和抗拒。

2. **人們有足夠的時間去適應新構想嗎？**

如果沒有給他們時間去習慣新思維，就會遭遇阻力。

3. **你提議帶來的改變是逐步成形，還是一步到位？**

做法或思維的突然劇變最令人感到陌生，因此會產生強烈的阻力。

如果慣性危及你的創新，那就要把陌生轉變為熟悉，因為隨著熟悉感加深，心理摩擦力就會減輕。我們的目標是讓新構想不像是外來侵略者，而是像個老朋友。本章探討了克服慣性的兩大方向，分別是**讓人適應改變**和**製造相對性**。如果運用得當，這些技巧就能緩解新構想面臨的阻力，甚至能將我們的熟悉偏誤從心理摩擦力轉變成推動改變的吸引力。

讓人適應改變

1. **從人們得知新構想，一直到他們必須決定是否採用時，你有沒有辦法拉長兩者之間的間隔時間？**

人們考慮的時間愈長，對新構想的熟悉感就愈高。

2. **人們有多常想到這個新構想？**

反覆的曝光能增加熟悉感，而找機會植入訊息也能逐步建立大家對新構想的接受度。

3. **你能否讓改變的過程循序漸進，而非造成干擾？**

如果創新需要人們接納截然不同的模式或行事方法，那麼一次一小步更有助於大家適應改變。

4. **新構想是否合乎我們的既定印象，還是某種我們從未見過的模樣？**

雖然想要創新勢必得改變作法，但那並不表示新構想的各方面都得大幅脫離現狀。

5. **誰在為這項改變發聲？**

如果代言人跟受眾有一致的背景和經驗，就會比新面孔來得好；假如變革的代言者是受眾認識或喜愛的人，那就更好了。

6. **新構想的外觀和感覺與受眾相契合嗎？**

針對你想要影響的受眾，若是能做到鏡像模仿，或是採用相同的語言、風格，便可以強化熟悉感。

7. **假如人們對你的新構想很陌生，有沒有其他相對熟悉的想法可以拿來當作對照？**

善用類比可以讓新的風貌感覺更熟悉。

製造相對性

1. 能否給人兩種以上的選項？

如果不行，那麼慣性很可能會對你不利。多給幾個選項，以轉移人們對現狀的關注。

2. 可以加上一個極端的選項嗎？

加入一個更極端或更難企及的選項，可以讓所有其他的選項相較之下更合理。

3. 你能找個次佳的選項來當作比較基準點嗎？

強調次佳選項，能讓其他選項對照起來變得更理想。

5

心理摩擦力②

惰性

人類對省力的渴望超乎想像

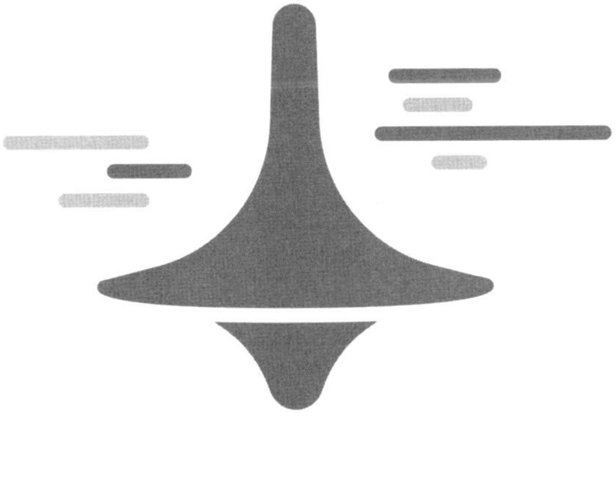

在太平洋沿岸的岩石和潮池中，常常可以看到普通濱蟹的蹤跡，牠們有個奇特的習性，就是超級挑食。濱蟹以貽貝為食，牠們的行為和《金髮女孩與三隻熊》（*Goldilocks*）的故事很像，會把小隻的貽貝丟在一旁，對大隻的視若無睹，但若是遇到中型的貽貝，牠們就特別中意。表面上這個策略好像不太合理，為什麼要跳過這麼多可以吃的食物呢？答案就在稱作**最適覓食理論**（optimal foraging theory）的動物行為模式之中。

所有的生物都需要營養才能生存。不同於植物，動物有能力移動來尋找資源。無論是窮其一生都待在一個小池塘裡覓食，還是千里迢迢追尋獵物，都是同樣的道理，動物就是必須在環境中尋找食物。

移動能力帶來極大的優勢，假如周遭環境缺乏資源，動物就能往更合適的地方遷徙。但移動能力也有缺點，因為活動需要消耗能量。最適覓食理論指出，所有的動物天生都會設法用最有效率的方式蒐集資源。動物的天性是在採集食物時，權衡成本（消耗的能量）和效益（獲得的能量），以使攝取的能量最大化。

這種成本效益分析恰好可以解釋濱蟹為什麼這麼挑剔。貽貝的外殼構造不容易打開，對濱蟹而言，強行打開外殼的代價有二：第一是要付出很多能量才撬得開，第二是開殼的過程會磨損蟹螯，一不小心就有可能弄傷，甚至拗斷在貝殼裡面。濱蟹是靠螯爪來進食，弄斷爪子對牠們可是致命的打擊。

貽貝愈小，濱蟹能吃的就愈少，但小顆的貽貝一樣很難開，以至於消耗的能量比吸收進來的還多。大隻的貽貝雖然是頓大餐，但隨著年齡增長，貝殼也會變得更厚實、更難撬開，蟹螯很有可能會折斷，以長期策略來說，捕食大型貽貝的風險太大，一點都不划算。

若是中等大小的貽貝，性價比算起來就不太一樣了，牠既不會比小隻的難撬開，吃起來又比較豐盛，從貝肉獲得的卡路里也比耗費的力氣多，因此，濱蟹會集中火力捕食中型貽貝。[1]

人類跟濱蟹一樣，對於能量消耗非常敏感，我們天生就喜歡用最省力的方式獲取最大的回報，這種天生的特質就叫做**省力法則**（law of least effort）。

我們剛接觸一個新觀念或一項創新時，心智會本能地計算實行的成本，愈是費勁，阻力就愈強。不幸的是，創新通常需要耗費力氣：學習新的工作流程要花力氣、改掉舊習慣要花力氣、瀏覽陌生的網站要花力氣、揀選新商品要花力氣、開會討論新提案也要花力氣。因為創新而必須耗費力氣，就會產生心理摩擦力，因而減損新構想的魅力。

為什麼語言變得愈來愈簡單？

雖然我們平常不太會察覺到，但我們本能上會盡可能省下力氣，這或許可說是最能影響決策的一種心理因素。試想自己每天的通勤以及所有相關的決策，包括你去的加油站、行駛的路線，甚至是你選擇的交通工具（例如開車或搭乘大眾運輸工具），這一切的決定都會遵循省力法則。你一定優先考慮便利性和效率，你很可能會挑離家最近的加油站、走最便捷的那條路、決定自行開車，因為這些都是比較方便、高效率、能讓個人成本最小化的選擇。

省力法則代表著人類會隨著時間的推移，走上最省力又回報最大的那條路，這條定律是由哈佛大學語言學家喬治・齊夫（George Zipf，又被稱為齊夫定律）於一九四九年首次提出。眾所周知，語言會隨著時間推移而改變。齊夫的見解是，語言的演化不是隨機的，而是有跡可循。就像水往低處流一樣，隨著時間流逝，字詞和語句也會變得愈來愈簡單。以「goodbye」（再見）一詞為例，十六世紀的英國人習慣用四個音節的片語向人道別，同時給予祝福：「God be with ye」（上帝與你同在）。到了十七世紀，這個片語的書面形式被縮簡為「God b'wi ye」。十八世紀，片語再縮短成三個音節，變成：「God b'ye」。百年之後，又改成只用其中的兩個音節「good-bye」。二十世紀以後，連字號也被去掉，只剩下「goodbye」，時至今日就成了我們常用的「bye」了。

在歷史的進程中，字詞和語句之所以會縮短，是因為我們會自然而然地找出更便捷的路徑。「數學」的簡稱「math」比全稱「mathematics」更好唸，所以「math」就被廣泛使用，「mathematics」則逐漸被淘汰。即使有可能犧牲原意，人們還是會傾向簡化和提高效率，例如英文常見的片語「Jack of all trades」是指「萬事通」，但它原本其實是「a jack of all trades, master of none, though oftentimes better than master of one」，意指「樣樣都會卻樣樣不精通，但往往還是勝過只有專精一樣事情的人」。本來的語意是讚揚雜學的人，但後來被濃縮成「a jack of all trades, master of none」，暗指雜學者博而不精。到了最後，這個片語被縮減成目前的版本「Jack of all trades」，又回復成讚揚雜學的特質。

簡化並非語言演化的唯一方向，但它是字詞和語句隨時間變化的一大方式，由此可見語言並不會往複雜的方向發展。字詞或語句隨著時間變長的例子相當罕見，因為這違反我們的天性。

語言的演變跟過去一百五十年來美國零售業格局的變化十分相似。城鎮和市區在發展的初期，美國人會在小雜貨店買東西。美國人大多住在鄉村農場，想逛街就得大老遠跑去城裡，那是家庭經營的小店面在街道盛行的時代。後來西爾斯百貨（Sears）把事情簡化了，他們會把郵購型錄寄到家，讓人舒舒服服地在家購物。美國人搬到郊區時，百貨公司和購物中心便成了最有效率的採買方式。你所需的一切都可以在某個便利的地點採買，不必等好幾週才能收到你要的東西。接著又出現沃爾瑪和其他大型量販店，而如今我們已進入亞馬遜一鍵購物的時代了。

就像語言一樣，人們總是在尋求更有效率的購物方式，一旦有更便利的做法出現，大家便樂於接受新方式。到了某個時間點，我們又會找到其他更便捷的途徑。像ＡＩ助理或無人機送貨等新科技，都能減少線上購物的心理摩擦力，再度翻轉整個零售業。

交友的關鍵竟是便利性？

省力法則支配著我們生活中的另一個重要部分：人際關係。通常我們會認為自己交朋友是根據品德、能力和共同經歷等實質標準，但實際上，友誼多半是因為便利和機遇而形成的，學者稱之為**接近原則**（proximity principle）。接近原則的概念指出，友誼取決於便利性的程度，大得令人吃驚。在職場中，我們會花時間跟隔壁或辦公室就在附近的同事打交道；隨著距離增加，互動頻率會急劇下降。實際上，職場互動的相關研究也表明，只要兩位同事之間的距離超過大約四十九公尺，就幾乎不會交流或合作。email基本上也沒辦法打破這個模式，因為通常我們也只會寄信給自己認識的人。

我們通常都跟大學時結交的朋友最為要好，而事實上，接近原則也是主要的驅動力。一般人往往會覺得大學交的朋友是以深刻、有意義的關係為基礎，但其實你「挑選」的朋友大部分都還是跟地緣有關。我們敢打賭，你大學時期的朋友大多是大一宿舍的同學，而畢業後你還有跟哪些大學同學聯絡呢？應該只剩少數幾個跟你住同縣市的人吧。

我們對於捷徑的偏好根深蒂固，以至於我們的知覺系統會自動讓簡便的選項看起來更具吸引力。[2]一般人可能以為自己對這個世界的感知跟事實一致，但其實並非如此。請看看下面這個精巧的研究：受試者會看到螢幕上有一團點狀的雲，一會兒飄向左，一會兒飄向右。他們手上都握有一支搖桿，研究者告訴他們，如果雲朵飄向左，就要把搖桿往左移；如果雲朵飄向右，就要把搖桿往右移。這個小測試很簡單，所有的受試者都高分通過。但在另一個情境，研究者微調了設定，他們把搖桿略做處理，變成搖向某一邊會比搖向另一邊稍微困難一點。研究者發現，假如搖桿往右移變得比較困難，那麼即便小點實際上是往右飄，受試者還是會看成往左飄，完全沒注意到自己已經被操弄了。他們會完全相信小點是往比較沒有阻力的那一邊飄過去。

這個發現稱作**動機感知**（motivated perception）。其他研究還發現，如果人們揹著沉重的背包，那麼跟不揹背包比起來，路途看起來會更長，山坡看起來也更陡峭。這種內建的錯覺具有演化上的優勢。假如你要摘蘋果，就會挑長得比較低的，這樣摘起來比較不費力。人們的心智天生就對成本比較敏感，使我們看低垂的果實就是會覺得最多汁，因而遵循比較經濟實惠的路線行動。[3]

如何培養顧客忠誠度？

省力法則對於創新可說是影響重大，因為那表示人們在看待一個新的構想或機會時，優先考慮的並不是好處或價值。他們的首要考量其實是採取行動的代價。

請想一想，我們現在對電影、電視和音樂等創作商品的消費方式，已經隨著時間發生了變化。先從音樂說起好了，父母輩聽的音樂比我們還來得好——至少音質上是如此。而現代人多數都是用廉價的藍牙耳機，透過手機串流來聽音樂。這種方式比以往任何平台都來得方便許多；幾乎所有錄製的音樂都能透過手機立即取得，但這種便利性卻是以犧牲音質做為代價。所有串流服務都會壓縮音檔來縮小容量，因而把藝術家想傳達的許多細節都給捨棄了。

所有人都想聽音質絕佳的音樂，但真正要取捨的時候，卻不願意犧牲便利性。電影也差不多，就算是最頂級的家庭娛樂系統，也萬萬比不上電影院的觀賞體驗。但現在我們在家中或手機上就可以收看串流影音，於是這逐漸變成看電影的標準作法了。

聘僱決策的數據也同樣支持省力至上的觀點。如果管理者必須在能力很強但難以共事，以及能力較差但容易共事的應徵者之間做選擇，他們都說自己會僱用前者，但到了實際決定的時候，被僱用的卻總是好相處的那位，而非難相處但能力強的人。

為了證明惰性能主導我們對價值的衡量，我們詢問MBA的學生是否願意花個五分鐘幫忙填寫問卷調查。每多一位學生同意，我們就會捐三美元給慈善團體。但是慈善團體則不同；其中一半的同學被告知，只要完成問卷，就會捐錢給當地的流浪狗收容所；另一半同學則會聽到，錢要捐給很與眾不同的團體：芝加哥爬蟲學會。外行人對爬蟲學的理解就是針對爬蟲類和兩棲類做的研究。

不出所料，比起青蛙，大家都更願意幫助狗狗，因為一般人對狗的關心就是比較多。從這個結果可以看出吸引力的價值，人往往比較願意對自認有價值或重要的想法說「是」，所以如果你能把新構想在受眾眼中的價值，從青蛙（價值較低）抬高成狗狗（價值較高），那就更有可能成功。

在另一堂課上，我們做了相同的實驗，但其中有一大差異：我們請學生花的時間長達二十分鐘，而非五分鐘。你覺得這個比較費勁的要求，會對結果造成影響嗎？願意填問卷的比率顯著下降了，這並不意外，意外的反而是他們對青蛙跟狗已經沒有明顯的偏好了。青蛙還是狗，並不會顯著影響學生同意填問卷的比率。

難道是因為這些同學不認為狗的價值高於青蛙嗎？當然不是。我們把這種狀況稱作**排擠效果**（crowding out effect）。大家還是一樣關心狗狗更勝於青蛙，但因為填問卷的成本實在太高，反倒把其他種種考量都蓋過去了。這個示例也許看起來有點蠢，某方面來說也確實是這樣沒錯，但這也顯示了人們會把耗費的氣力（本案例裡的時間）擺在其他考量之前。如果你的創新需要別人做得很多，那麼你面臨的阻力就會很大，就算大家認為你試圖促成的改變很有價值也一樣。

省力至上這點可能會推翻掉很多以往的商業推論。以客戶服務為例：提高顧客忠誠度的條件是什麼？問一百個客服主管這個問題，其中八十九位會回答：他們的主要策略是超出顧客的期望，讓顧客愈驚喜，愈能獲得青睞。但顧客忠誠度的深度調查卻否認了這項觀點。這份研究請七萬五千位民眾說出他們覺得自己對哪間公司最忠誠，接著又問了一系列問題來確認原因。

他們發現超出顧客期望的吸引力導向策略，例如提供退款服務或贈送小型試用包，都沒辦法建立忠誠度，反而是減少客服互動過程中常見的心理摩擦力比較有用，比如不再需要一連向好幾個客服人員說明你的問題。

這樣的洞察很可能從根本上改變公司看待客戶服務的方式。問題不在於：「如何討好顧客？」而是：「如何把客戶互動的流程簡化？」[4]只要搞對問題，就能看到嶄新的可能性和優先順序。南非萊利銀行（Nedbank）最近就把減少客戶耗費的氣力，當作客服部門的基石。萊利銀行開創「統合諮詢」（Ask Once）承諾，他們保證客戶解決單一問題只需要找一位客服代表就好。

小小改變，大大影響

省力法則的含義非常明確：降低新構想的成本，人們就會更樂於接受。惰性還跟創業運途息息相關：每一年，世界銀行都會估算在各國創業的難易程度，創業耗費的氣力則因國家而異。二〇二〇年，紐西蘭被評選為全世界最容易創業的國家，其次依序是新加坡、香港、丹麥、南韓和美國。如果你要在紐西蘭創業，只須跑一個流程，平均花費四小時。在排名第六十三的印度，平均要花十七天才能創業，而且要跑的流程超多。假如今天你是查德共和國的企業家，想在這個排名墊底的國家大展鴻圖，那就得先經過九個不同機構的批准，平均要花六十二天才能完成。

毫無意外地，創業要耗費多少力氣，是影響創業意願的重要因素，前幾名國家的創業活動幾乎是後段班國家的四倍。若想增加本土的新創事業，以吸引力為基礎的思維模式可以引導我們創造改革和機會，藉此激勵事業的開展。然而，大家往往會忽視阻礙創業的心理摩擦力。

即使只是對於所費力氣做一些看似微不足道的改變，也會對人們的行為產生很大的影響，最近有個實驗就是非常好的範例。有一群人為了測智商，報名了智力測驗，研究人員解釋整個測驗將分成三個階段：首先，受試者要接受三十分鐘的智力測驗，接著休息十分鐘。最後，受試者再完成第二份智力測驗。

事實上，實驗者感興趣的並不是智力測驗結果，而是受試者在休息期間做了什麼事。受試者完成第一次的測試之後，實驗者便帶著雜誌和一碗糖果走進房間，宣告說休息期間應該多放鬆，還鼓勵受試者隨意享用雜誌和糖果。

但這邊有個微妙的操作：實驗者擺放糖果碗的位置略有不同。對第一組受試者，糖果被擺在距離受試者約七十六公分的地方；在另一組，則擺在距離約二十五公分的位置。二十五公分伸手可及，但七十六公分就得伸長手才拿得到糖果。十分鐘過後，研究人員把碗拿去稱重，看看受試者吃了多少。五十公分的差距結果可就差多了，在比較容易拿到糖果的情況下，受試者吃的量大約是另一種情況的兩倍。創新者可以從這堂課學到，小小改變也能產生巨大影響。只要想方設法讓你想推的事情變得簡單一點點，就能讓人的行為產生明顯的改變。[5]

省力遠比你想的更重要

儘管省力是最能影響行為的一大因素，但一般人在引領變革時，卻很少考慮到這一點——我們稱這樣的盲點為**氣力忽略症**（Effort Neglect）。洛蘭的研究實驗室多年來一直在評估大眾對氣力的直覺反應及其影響。

在一項實驗當中，我們逢人就問是否願意幫忙做問卷調查，這些問卷分別有一個問題、五個問題和二十個問題。只有一題的問卷，有八十四％的人同意填寫；五題的問卷只有些微過半的人願意（五十六％），至於二十題的那份就只剩十一％。接著，我們告訴另一組受測者，五題的問卷有五十六％的人願意填寫，請他們以此為基準，推估「一題」和「二十題」的問卷分別有多少人答應幫忙。合理的推測會是超過五十六％的人願意填一題的問卷，而二十題的同意者則少於五十六％。

根據受試者的估算，一題的問卷會有五十九％的人填寫，而二十題的則有三十二％的人願意。換句話說，這些人認為如果把事情變得簡單一點，人們也會稍微樂意一些（五十六％變成五十九％），而增加十五個問題則會讓人比較不想答應填問卷（五十六％掉到三十二％）。

這個結果清楚點出了兩件事：**大家都明白省力很重要，卻不太清楚到底有多重要**。在這場實驗中，填問卷的費力程度是驅動行為的主要因素，但它的影響力卻遠超乎一般人的預期。這種對省力的盲點對於創新真的至關重要，因為如果你不清楚它的影響，就會在推動新構想時忽視它。

名校芝加哥大學的招生難題

芝加哥大學是世界上最好的學術機構之一。儘管這所學校享有世界一流的校譽，多年來卻一直為某個出乎意料的問題所困。芝加哥大學收到的入學申請，遠遠少於同等級的哈佛、普林斯頓和耶魯等名校，例如二〇〇五年普林斯頓大學收到了二萬八千份入學申請，芝加哥大學還收不到四千份。

這是個大問題，因為大學排名部分取決於錄取率，申請人數少就表示芝加哥的錄取率比別校高了很多，這麼一來排名就會被拉低。同等級的學校只接受五％的申請者，芝加哥大學的錄取率卻接近四十％。雖然芝大的校長跟各院院長對於《美國新聞與世界報導》（*U.S. News & World Report*）*和其他媒體的大學排名系統有多大的意義，都喜歡淡化處理，但這些排名的影響和重要性卻無從否認，畢竟家長和學生主要透過排名來了解大學的聲望高低。

芝加哥大學的問題是：申請人數為何如此之少？問題又該如何解決？許多教職員認為，學生是被該校的學術嚴謹嚇跑了，他們有個非官方的格言：

「趣事至此終結。」（Where fun goes to die.）。但學術要求嚴苛是該校的核心價值，這點要是改了，學校的特殊之處也就沒了。也有人認為學校不是常春藤聯盟的一員，導致學生會把它排在志願序的後面。

然而，問題實際上跟校譽完全無關，而是出在申請程序上。大部分的學校都使用一種名叫通用申請系統（Common Application）的產品，它會把各校的申請表標準化。幾乎所有高中生都會申請好幾間學校（平均是五間），能一表多送會非常省時。

但芝加哥大學不用通用申請系統，他們以獨特的申請程序聞名，盡出一些需要絞盡腦汁的申論題，像是以下這個例子：

＊譯註：這個新聞雜誌每年發布對美國大學的調查報告及排名，因而廣為人知。

「莎莉要把貝殼賣給誰？如果土撥鼠會扔木頭，究竟能扔幾塊木頭？」*請挑一個你喜歡的繞口令（原文是英文或從其他語言翻譯過來的皆可），然後針對這個繞口令出的謎題，想出一個解決方法。你要從數學、哲學、語言學……等等的角度都可以，一切由你做主（或你的土撥鼠）。

假如你是想要進入菁英大學的申請者，只要寫一篇論文，就可以提交給全國所有的頂尖院校，唯獨芝加哥大學除外。想申請該校，還得多寫一篇論文、多填一份申請表。從成本效益的角度來看，他們的錄取率相當高，意味著芝加哥大學是所有的菁英名校中最容易被錄取的。多數的經濟學家可能都會認為機不可失，只要多花個一、兩天寫篇新論文，就能有四十％的機會，讓你一輩子都可以在履歷的開頭寫上那所學校。

二〇〇九年，芝加哥大學聘了一位新校長，他做了個很有爭議的決定，就是打破傳統，採用通用申請系統。隔年，申請人數就從五千人增加到三萬三千人。

申請人數大增的關鍵，並不是吸引力導向的對策。校方不需要投入大筆資金美化校園，也不需要搞一面最先進的攀岩牆，關鍵只在於簡化申請程序而已。

這個故事讓我們清楚看到惰性的影響力，以及低估它的危險。我們都知道一件事情要花的力氣愈多，吸引力就愈低，但創新者最難理解的是惰性的真正力道。芝加哥大學的教職員也都知道該校特立獨行的申請系統會妨礙部分學生的申請，卻沒人曉得惰性的影響到底有多大。申請系統太過標新立異不只是問題的「一部分」，而是問題的全部。如果他們明白這一點，早在幾年前就會放棄這種獨樹一格的系統了。

＊譯註：這些語句是摘錄自常見的英文繞口令。

什麼情況愈費力反而愈好？

一般人不見得都只挑阻力最小的路走，在很多情況下還是會主動去找比較少人走的路。就像吃速食比在家精心烹飪要方便很多，但偶爾我們也會選擇後者。在此我們想特別提出四種費力反而會被當成好事的情況。

• 體驗的本身就是目的

性行為跟任何一種身體動作一樣需要費力，但它同時也是令人愉悅的活動。一般會認為激烈一點的性愛比較好，因為體驗本身能帶來歡愉。電玩遊戲也一樣，很多遊戲都非常耗時費力，但玩家卻願意投入驚人的時間、注意力跟心神，因為過程能帶來很多的樂趣。

• 彰顯美德

花費力氣能彰顯某人為了達到目標所投入的努力，也可以展現一個人的美德。每個月花多少時間做志工，正是顯示你有多努力在實踐人道主義的重要指標。做得愈多，愈有權利吹牛。

・把耗費的力氣當成品質標準

很多人常常誤把投入多少心血與品質的優劣扯在一起，例如以為多年繪製的畫作，價值會高於花個幾天就完成的作品。正是出於這個原因，研究人員很愛提及自己下了多少功夫蒐集資料，但這其實毫不相干。心血之所以會被拿來強調，就是因為其他學者會把投入更多與品質更好混為一談。

・排解無聊的良藥

人們往往為了排解無聊而勞心費力。無聊是一種人人都會設法避開的負面情緒狀態，從事具有挑戰性的任務則可以解除這種情緒。

6

克服惰性

如何讓人毫不費力地接受

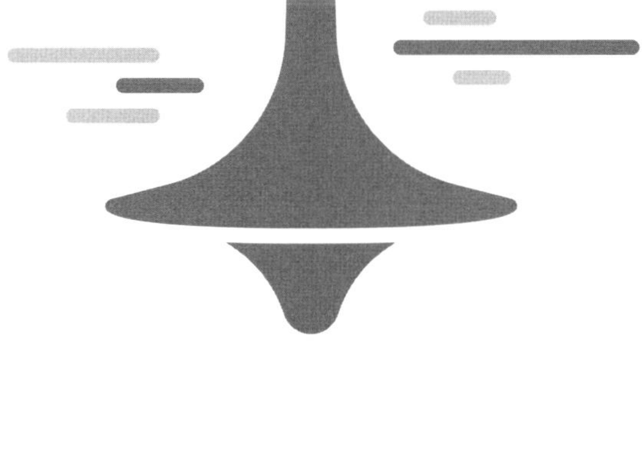

當今世界最嚴峻的一大公共衛生挑戰，就是取得乾淨的飲用水。世上約有三十%的人口沒有安全的飲用水，根據世界衛生組織（WHO）估計，每年有七十五萬名兒童因為喝了有問題的水而死亡。

最常用的淨水法是加氯處理，美國有九十八%的淨水處理廠用這種方法讓自來水可以安全飲用。在缺乏淨水處理設施的開發中國家，人道救援組織會定期分發瓶裝氯錠供各家庭淨水使用。氯錠是效果可靠又合乎經濟效益的方法，可以有效阻絕經水傳播的疾病。遺憾的是，很少人會真的拿來淨水，分配到氯瓶的家庭只有約十%會經常使用。

如果深入研究這個問題，很快就能發現原因所在：收集和處理水的過程頗為累人。首先是裝水，你得動身前往市鎮水井或其他供大眾取水的地方，把水揹回家，而且通常只能用走的。到家後，必須計算要加多少氯到水裡才能消毒——加太少會沒效，加太多又難喝。接著還要花時間等待，加氯淨化水質通常需要一些時間（約二十分鐘）。

由行為科學家麥可．克里莫（Michael Kremer）領軍的非營利組織「創新扶貧行動」（Innovations for Poverty Action）為了增加氯的使用率，設計出一套系統，簡化了淨水的流程。第一個試行地點位在肯亞西部的農村。他們並不是提供氯瓶讓人自由運用，而是在公共水源區設置加氯機。這個構想是要讓人在容器裝滿水後，立刻把氯加進去。返家前先加氯，可以消除主要的心理摩擦力——等待氯起作用。等他們回到家，水就完成淨化了。這種加氯機還有其他特點可以減少心理摩擦力，像是村民習慣用一種五加侖的「手提式儲水桶」（jerrican）裝水，而加氯機正好設計成一次釋出一個儲水桶所需的氯。村民只要把水桶放在加氯機下面，轉動手把一次，就能獲得精準的劑量。這種設計消除了另一個大麻煩——量出確切的氯錠劑量。最後一個特色就是加氯機的機身顏色鮮明，讓人一眼就看見，更容易記得要加氯。

試行的成果相當驚人。他們發現，分發個人用氯瓶時，只有約十四％的家庭會持續淨水，若改讓這些家庭使用公共加氯機，則淨水的家庭比率會躍升為六十一％。這項變化在試行計畫的兩年監測期間都保持著。後來證據行動組織（Evidence Action）擴大了該計畫，在肯亞、馬拉威和烏干達等地設置超過二萬五千台加氯機。證據行動組織估計，公共加氯機已為四百多萬人帶來乾淨的飲用水。

創新扶貧行動組織能取得非凡的成果，無非就是做好兩件事：第一，他們診斷出心理摩擦點；第二，他們在理解這些問題之後，馬上就想出深具創意的對策來消除行為面臨的阻力。想要馴服根植於惰性的心理摩擦力，實際上就是要問自己兩個基本問題：是什麼導致行動難以落實？我們又要如何把事情變得更簡單一點？本章就要來分享解決這兩個問題的訣竅。

模糊不明會讓人更費力

在我們想辦法減輕人們耗費的力氣之前，必須先理解「力氣」指的是什麼。也就是說，當一個新的構想或倡議具有什麼特性時，會讓它比較好（或比較難）推動？力氣有兩個面向，一個顯而易見，另一個隱而未現。其中比較明顯又直觀的面向是**使勁**（exertion），也就是完成一件事情或動作需要花費多少能量，例如寫五十頁的文件會比只寫五頁更需要使勁。

力氣的另一個面向是**不確定性**（ambiguity）。假如「使勁」在談的是達成目標所需要的工作量，那麼「不確定性」就是反映人們是否知道如何達成目標。請想像在某片新土地開路的第一位探險家，或是初次探索迷宮的老鼠，既然不知道該怎麼走，一切就只能靠自己摸索。這意味著要一邊嘗試，一邊從錯誤中學習；有可能走錯路，也有可能走進死胡同。不確定性是力氣的一個關鍵面向，因為很多新構想對創新者來說很簡單，對其他人來說卻是籠罩在不確定性之中。

請想像一下公司裡的任何一種審批流程。若以學術機構來說，這個流程可能是開設新課程的核准申請。審批流程需要耗費的力氣包含了使勁和不確定性。使勁代表著通過核准需要下多少功夫，這在某些單位可能相對容易——只要寄封email給系主任，介紹一下課程內容就行了，但這並不是常態。我們見過的多數學術機構，核准新課程都得經過乏味而官僚的過程。

不確定性反映的是審批流程是否被人充分理解。假設某位教授想開一門新課程，他知道要怎樣做嗎？如果不知道，那他是否知道要找誰談，以獲取所需資訊？假如真的找同事問了，得到的資訊會呈現一致還是相互矛盾？在我們的經驗中，這些問題的答案往往都是否定的。如果一個人不知道要從哪裡取得資訊，那就連起步都很難。圍繞著一件事情的種種疑問，造成的阻礙往往比實際執行還要來得大。

理解力氣的各個面向很重要，因為這是克服惰性的基礎。不確定性可以透過一種我們稱作**建立行動流程圖**（create a roadmap）的過程來克服，而使勁則可以經由我們稱作**把行為流線化**（streamline the behavior）的過程來轉化。

何時做什麼，行動流程圖一目瞭然

美國政府在二戰期間面臨了一個今日已被遺忘的挑戰，那就是應付驚人的開銷。美國為這場戰事支出約三千億美元。講得更精確一點，這個數字是從美國政府創立以來，在戰事發生前「所有開支總和」的兩倍。為了打仗，必須耗費力氣籌募資金，為此羅斯福總統（Franklin D. Roosevelt）和顧問團決定向大眾求助。於是，美國開始大舉出售戰爭債券。

為了激發數百萬美國人前來購買，美國政府從麥迪遜大道（Madison Avenue）*找來了最厲害的廣告商宣傳這項全民運動。海報在推動債券銷售上扮演了重要角色。如你所料，海報有很大程度是倚賴動之以情的吸引力來刺激買盤。其中一幅經典海報的畫面是一位戰場傷兵問道：「兄弟，你盡力了嗎？」另一幅海報的畫面則是某位氣宇軒昂的戰鬥機飛行員正在飛行，標題寫著：「你們買，我們飛！」還有一些廣告聚焦在民眾對敵軍的恐懼，例如有張海報描繪納粹士兵對年輕女孩拋媚眼，文字說明帶有不祥的意味：「別讓她落入敵軍之手。」

* 譯註：美國二〇年代後的廣告業重心。

事實證明，最有效的並不是那些動人心弦的廣告口號，也不是恐懼心理戰；效果最強的標語完全不是吸引力導向，它並沒有解釋美國人民「為什麼」該捐，而是說明「什麼時候」該捐。這類海報描繪出在辦公室工作的職員，上頭寫著：「勸募人員到工作場所請你報名時，掏錢就對了。」因為這句標語效果太好，很快就被印在每一張戰爭債券的海報上。結果是：戰爭債券的銷售量翻了一倍。

這個訊息既沒有激發愛國心，也沒有利用對敵人的恐懼，為什麼還這麼有效呢？因為它為民眾提供了行動流程圖，直接講明什麼時候該捐，替募款打開了大門。試想一下，若沒有行動流程圖，會產生什麼心理摩擦力：勸募人員到辦公室拜訪時，你可能不曉得要買戰爭債券，或是撥不出時間給他。你也可能決定先擱著，想說等下個月薪水發了之後再捐。該怎麼捐、什麼時候捐的這種不確定性，會蓋過伸出援手的渴望。

另一個展現行動流程圖威力的早期案例，是關於鼓吹破傷風疫苗接種的運動。一群心理學家接了一項任務，要設計一套說詞來勸導美國民眾接種疫苗，因為當時很多人都不會這麼做。這些專家根據不同的勸說理論，想了幾種不同的說詞，其中一種強調疫苗的好處，另一種則強調該疾病的風險和危及生命的後果。不過，就跟戰爭債券的範例一樣，這類強調吸引力的說法都不是最有效的。第三種做法就很不一樣，他們單純只是秀出一張地圖，上面標明可以施打破傷風疫苗的鄰近診所，並鼓勵民眾在當週找方便的時間走一趟。以結果來看，收到吸引力導向說詞的民眾，只有三%的人被說服接種，但收到行動流程圖訊息的人，卻有二十八%去打了破傷風疫苗。

類似的方法在宣導投票的活動上也獲致成功。選舉結果往往取決於選民的投票率，以至於每年都得砸下數十億美元鼓吹民眾出門投票。多數宣導活動都強調投票的重要性，把焦點放在民眾「為何」該去投票。可以想見的是，這些宣導廣告的設計並不是為了減輕選民投票的負擔；然而，投票所須付出的力氣卻是影響投票率的一大因素。

從你家到投票所的距離，是預測你會不會出門投票的重要指標。另一個重要指標則是家裡有沒有孩童。這並不是說生育會減少公民的責任感，而是因為所有跟養育小孩相關的日常工作都會耗費心力，像是為小孩做早餐、替他們穿衣服、送他們上學、接他們放學等，與那些只須顧好自己吃穿的人相比，要父母動身去投票所真是困難多了。

不過，如果把鼓吹的重點放在減少投票行為的不確定性，效果就會更勝於傳統的宣導活動。哈佛大學甘迺迪公共政策學院（Harvard's Kennedy School of Public Policy）的行為科學家陶德・羅傑斯（Todd Rogers）比較了二〇〇八年大選期間的兩種動員方式：傳統的選舉動員計畫和減少不確定性的方法，總計觸及了約三十萬人。其中一組用的是民主黨全國委員會（Democratic National Committee，DNC）提供的標準文本，內容強調即將到來的選舉事關重大；另一組也採用相同的文本，但除了強調本次選舉的重要性，還納入另一段內容，聚焦在投票的實際過程。選民被問了三個問題：你預計在當天的什麼時候去投票？你怎麼去投票所？你會從哪裡出發前往投票所？

收到傳統文本的選民，投票率提高了兩個百分點，而收到傳統文本加上流程圖的選民則提高了四個百分點。僅僅加上那三個簡短的問題，就能讓民主黨全委會的最佳投票率文本效果翻倍。若套入二〇一二年美國總統大選的情境來看，多出這兩個百分點就足以讓希拉蕊在佛羅里達州、俄亥俄州和北卡羅來納州翻盤贏過川普。

行動流程圖的效果卓著，靠的是什麼呢？它的一個優點是降低摸索的成本，為行動清出一條道路。我們請一些企業領導者談談他們最想從員工身上看到什麼行為，經常都會聽到同樣的流行語，像是很多人都會提到的「創新」一詞。某位高階主管寫道：「我一直鼓勵員工創新，卻看不見成效。我甚至還拿獎勵當誘因，但不管怎麼耳提面命，員工還是一副安於現狀的模樣。」就業務銷售工作而言，創新意味著花時間開發新客源。老闆心裡明白，員工應該打入社群建立新人脈；然而，老闆卻總是抱怨業務只把時間花在跟老客戶套關係，而不是開拓新版圖。許多大型組織的流行語則是「合作」，領導者卻常常因為各部門各自為政而發愁。

為了回應這些抱怨，我們準備了一些回家作業給這些主管：請寫下在一天、一周或一個月的什麼時候，員工應該做那些你期望看到的事情。

假如你希望業務向外拓展人脈，他們要何時做，又要怎麼做？
如果這是每日任務，那要在一天的什麼時候去做？又如何開啟行動？
他們有沒有需要參加什麼活動或會議？
要如何促成跨部門合作？
員工彼此是不是夠熟，足以一起討論？
如果他們夠熟，有沒有時間跟空間讓他們討論？

大多數缺乏創新、領導力及合作的組織，它們的主管看到這些問題都答不太出來。但這群主管對這套方法很有意見，因為他們認為員工應該自動自發，自己解決這些問題。這麼說也有道理，但如果你不先幫這些理想行為定出明確的路徑，這些行為就不太可能會自動出現。很多員工看似消極被動，歸根究柢，問題還是出在行動的不確定性。

多想想你樂見的行為應該何時出現、又要怎麼做，才能幫助他人了解如何穿過阻礙目標的那些事務障礙。從吸引力導向的思維來看，像是排程太複雜這種偏向內勤事務的問題，可能看似微不足道；然而，一旦了解惰性的威力，就會知道這類障礙其實是個大問題。

激發創意的聯邦快遞日

澳洲軟體公司Atlassian正是建立行動流程圖的絕佳範例。這間公司開發各式各樣的專案管理工具，Nike、可口可樂、Netflix和Google等企業都仰賴他們的產品來管理最重要的專案。Atlassian跟其他軟體開發公司一樣，都把創新視為核心價值，因為創新無可避免。Atlassian必須不斷為企業遇到的新問題提出創意十足的解決方案。

然而，在每天行程滿檔的情況下，要騰出時間思考未來的產品實在非常困難。因此，Atlassian想出了一種企業文化儀式，為創新活動敞開一扇機會之窗，以促進這個讓公司獲致成功的關鍵。每一季，公司都會把員工分成數個團隊，讓他們在二十四小時內提出新的概念或構想。新的產品點子只需要符合一條規則：不能跟公司正在推動中的產品構想重複。Atlassian把這種激發創意的單日活動稱為聯邦快遞日（FedEx days），因為各團隊必須在一夕之間使命必達。

Atlassian的領導階層不是透過演說和獎勵來激發創新，而是創造出一種慣例，把創新這件事嵌入公司的體制內。由於Atlassian的聯邦快遞日大獲成功，因此他們現在也把這套做法傳授給其他追求創新的公司。

讓人自然而然記得改變

行動流程圖的另一個好處是幫助人記得採取行動。人們沒有採納新點子的一大原因，只是單純地忘了去做（這跟主動抵制不一樣）。例如研究發現，沒有做乳房自我檢查的女性當中，有七十％的人給的主要理由是自己忘了。行動流程圖可以解決健忘的問題，因為它能在記憶之中，把未來的某個時刻（例如勸募人員來到你的辦公室）和那個時刻該有的行為反應（例如買下戰爭債券）明確地連結起來。經過了這樣的配對，往往能為「時刻與行為」建立起「如果……，就……」的關係：如果出現X情況，就採取Y行動。

洛蘭的房地產經紀人托尼（Tony G）就是個很好的例子。洛蘭已經幫托尼介紹了十幾位同事，而他會這麼做的一個原因在於托尼善盡職責，他既了解芝加哥市場，又竭盡所能服務客戶，而且跟他合作也充滿樂趣。也就是說，他本身就深具吸引力。不過，洛蘭會介紹他，還有另一個重要的原因。雖然每個房仲都會拜託客戶幫忙牽線，但托尼的做法卻更聰明，他會這麼告訴洛蘭：「如果你想為剛到凱洛格學院工作的新同事做點什麼，就問看看他們需不需要房仲。你知道我會好好照顧他們的。」

這樣的定位做到了兩件小而有力的事情。洛蘭和大多數人一樣，會想給新同事一點支持，跟他們建立正向關係。托尼幫他找了一條路，讓他輕輕鬆鬆就能化身為好心的同事。他也替洛蘭開了一扇明確的機會之窗，他不是單純建議洛蘭把同事介紹給他，他還說：「你跟新同事初次見面時，問看看他們需不需要房仲。」基本上，他建立了「如果⋯⋯，就⋯⋯」的觸發機制，讓人能一下就想到這件事。每當洛蘭想跟新同事聊聊、認識一下對方的時候，他都會不假思索地詢問對方需不需要認識房仲，因為這件事情會毫不費力地在腦海中浮現。

Atlassian之所以很容易出現創新，是因為常見的心理摩擦力和障礙都被移除了。雖然建立行動流程圖能幫助人們依計畫行事，但這種做法並不常見，也不普遍。諷刺的是，對新構想愈是投入的人，愈容易有忽視執行面的傾向。近期的研究指出，自認有強烈意願將想法付諸實踐的那群人，最常忽略那些有可能搞砸目標的心理摩擦力。這是因為他們誤以為只要信念夠堅定，不論遇到什麼阻礙，終究能順利抵達終點。[1]

把行為流線化，消除阻力

力氣的另一個面向是使勁，它代表著擋住去路的路障有多大、多強。當一項改變愈費勁，它面臨的阻力就愈強。如果你的新構想因為讓人費勁而產生阻力，那麼你要做的事情就是找到一些方法，讓改變行為變得更加容易。

你的目標是讓新構想順利高飛，因此你必須讓它變得更平整光滑、更符合空氣動力學，才能消除風阻，我們把這種做法稱為**流線化**（streamlining）。流線化包括破除障礙和尋找捷徑。

流線化的起頭是要先找出摩擦點，這有時很顯而易見，例如要人大排長龍，就會產生明顯的心理摩擦力；但有時也很隱微，需要仔細探查才看得出來。第一章提到的海灘家居就是個好例子。心理摩擦力的根源在於顧客不知道如何處理自家的舊沙發，但這點一直潛藏著，直到公司深入訪談顧客之後才浮上檯面。

當然，你不需要為了找出心理摩擦力就去聘請行為設計師，你通常只需要問幾個好問題，再反思一下就行了。這邊有個例子：我們有位朋友是專業的公眾演說家，他就像一位優秀的企業主，會仔細追蹤自己的績效數據。其中一項他會細心留意的數據就是演說過後被引薦的次數。由於他主要靠著人們的引薦來推展事業，所以會以此當作衡量成功與否的主要指標。某天晚上小酌後，他跟我們提到引薦次數出現了很有意思的模式：全有或全無。一場演說下來，要麼一口氣牽了好幾條人脈，要麼什麼收穫也沒有。下表是他分享的一些數據。

日　期	引薦次數
2019/10/15	0
2019/10/19	6
2019/11/05	9
2019/11/16	0
2019/11/17	4
2019/12/10	0
2019/12/13	8

他好奇的是，為什麼有時演說過後可以滿載而歸，有時卻兩手空空？雖然他的演說聽起來不像是事先排練過的，但他其實都會嚴守一份精心設計的講稿，所以每次演說的表現差異都不是很大。

經過一陣推敲，我們總算有人問對問題了：「引薦是在什麼情況下發生的？他們一開始是用email聯絡你，還是都當面談？」

他說：「幾乎百分之百都是當面談的。」

我們又問：「那是在什麼時候當面談的呢？」

他回道：「是演講後馬上接著談。」

他進一步解釋，自己都會盡量在演說之後空出當下的時間，好讓別人可以找他交流，因為似乎每次引薦都是這麼來的。這時他突然靈機一動：「就是在喝咖啡的休息時間！」有被人引薦的那幾場演說，都是會後馬上接著喝咖啡或小酌幾杯。這個做法可說是開啟了一扇建立聯繫的機會之窗。

沒有被引薦的那幾場，則是會後馬上接著下一場演說。雖然他在現場留下來的各種東西都有清楚標示他的email，演說結束時他也都會鼓勵聽眾用email作後續聯繫。然而，當講者讓你深受啟發，而你要趁著他也在現場時搭上話，做起來相對容易，但如果要你另外抽空，字斟句酌地寫封email來約時間聊聊，就實在太麻煩了。這個小小的洞見竟帶來了巨大回報。現在他定下的規則就是，只要有可能，就一定要在演說結束後跟人喝咖啡或小酌。

我們把創新的流線化做法分成了兩個步驟。第一步是描繪顧客使用產品的過程和經驗，我們稱為使用者的**體驗時間軸**（experience timeline）。體驗時間軸可以指出一個人想完成某個行動所須採取的所有步驟，並把這些步驟按部就班地視覺化。軸線的最左邊代表體驗的開始，最右邊則代表體驗的結束。

體驗時間軸的目的，是要幫助創新者把心理摩擦力出現的時間點視覺化，進而避免它們阻礙改變。時間軸上方的「正面體驗」區塊是代表使用者很滿意，或是出現正向情緒的時刻。這些時刻是創新者在使用者的體驗過程中，希望進一步增強的部分。「負面體驗」區塊則是代表使用者必須很花力氣或忍受不滿的那些時刻。從時間軸上的這些負面時刻，可以清楚看到需要把行為流線化的時機。

為了建構體驗時間軸，我們會先請使用者回想最近某個特定體驗的整個過程，並請他們舉出過程中感受特別深的時刻。接著，請他們根據自己的個人體驗，沿著時間軸畫出波浪曲

體驗時間軸範本

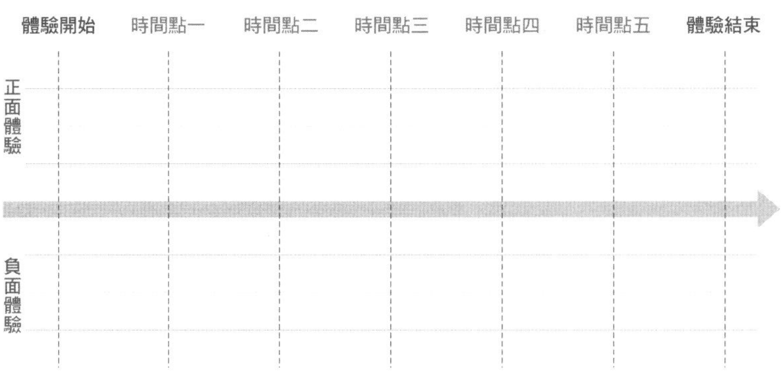

線，把過程中那些特定時間點的感受（正面、負面或中立）連結起來。曲線的起伏分別代表過程中正面情緒和負面情緒的強度。在我們請七到十個使用者完成體驗時間軸之後，清晰的模式就會開始浮現，幫助我們把注意力集中在最需要改進、流線化的時間點。

回到使用氯錠淨水的例子。假如你是一個想要幫助村民取得乾淨飲用水的非營利組織，發送氯錠聽起來或許是個輕鬆解決問題的好方法，因為乍看之下只需要一個簡單的步驟：把氯錠加進水裡。但創新扶貧行動組織卻注意到，這件事其實不像表面上看到的那麼簡單。他們找出淨水過程中需要花費氣力的五個時間點（請參下一頁的圖），時間點一是前往水源，時間點二是裝水，時間點三是裝完水返家，時間點四是量取氯錠劑量，時間點五是等待二十分鐘淨化。

一旦找出了時間軸當中的負面時刻，流線化的下一步就是要把它們消除。如果說，流線化的第一步——尋找心理摩擦力的蛛絲馬跡——感覺像是在做偵探，那麼下一步就比較像是工程師在做的事情：試著重塑環境，創造更順暢的行動路徑。

創新扶貧行動組織發現，在氯錠使用者的整段體驗中，影響最大的兩種心理摩擦力，分別是揹水返家的路途，以及等待氯發揮作用所耗費的二十分鐘。儘管回家的路程無從消除，但他們仍舊可以調整做法，讓村民裝好水後就把氯直接加進去。這麼一來，水就可以在回家的路上淨化完成，讓整個過程省掉二十分鐘。達成流線化的關鍵在於診斷使用過程，找出造成較大摩擦力的幾個特定步驟——這正是體驗

用體驗時間軸找出問題

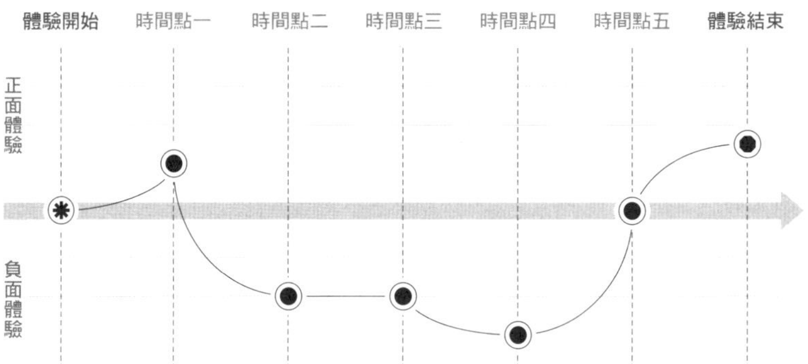

對照多個體驗時間軸，就可以看出需要改進的地方。

時間軸的用處——這樣才能把你的精力跟資源集中在最重要的事項上。

目前為止，我們分享的故事都跟行動的流線化有關。回到海灘家居的例子，他們幫忙顧客搬走舊沙發再捐贈出去，使得「買新沙發」這件事變得更簡單。這種做法可以有效緩解主要的摩擦力，但它並不是海灘家居唯一能用的方法。舉例來說，假如搬運、捐贈舊沙發的費用太高，或相關物流作業過於麻煩，此時與仁人家園（Habitat for Humanity）

村民淨水的體驗時間軸

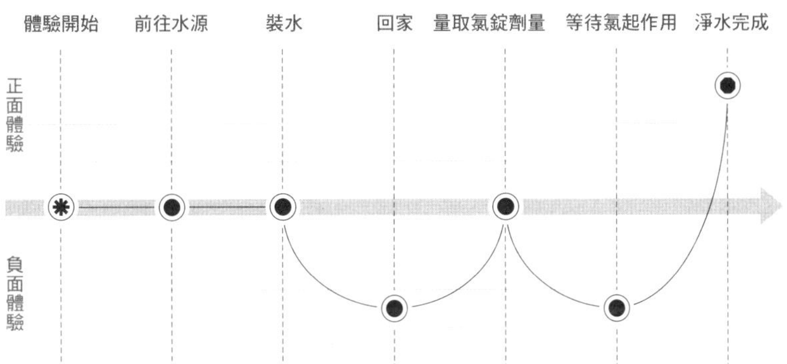

創新扶貧行動組織的淨水研究

或救世軍（The Salvation Army）這類的組織合作，一樣也能把舊沙發搬走再利用，讓顧客更省事。倘若海灘家居還能幫忙顧客協調捐贈事宜，甚至還能進一步減輕負擔。例如，把搬運捐贈物跟新沙發送貨到府安排在同一個時間，就能扎扎實實地讓人省心，因為顧客行事曆上的待辦事項又能少去一樣。以上說的每一件事都可以幫人省去不便，讓購買沙發的過程流線化。

對芝加哥大學來說，流線化意味著改成通用的申請系統；對亞馬遜來說，流線化意味著推動一鍵購買；對一個公眾演說家來說，流線化意味著在演說的休息時間創造機會之窗，讓聽眾的引薦變得更加容易。

讓使用者自己開路

兩點之間最短的距離是直線，但每當我們想從一處前往另一處時，這個世界卻不見得會有直線的路徑，於是我們只好自己開闢那樣的道路。**期望路徑**

（desire path）是指人為的捷徑，在公園和森林保護區都能看到。當我們為了更快、更輕鬆地抵達目的地，沒有沿著人行道或既定的道路走，而是用腳踩出一條草皮光禿禿的泥土路，這就是期望路徑——因為更輕鬆的路線，確實讓人更期待也更渴望。

傳統上會認為期望路徑有礙觀瞻，但都市設計師已慢慢將之視為使用者回饋的珍貴來源，並透過把期望路徑鋪成人行道或步道來改善都市設計。更有甚者，現在有些設計師會先等民眾走出一條便道後，再去把它鋪設成永久的道路。

我們接觸產品、服務和體驗時，也會出現期望路徑。如果某件事感覺太複雜、太慢或太費力，我們會自創捷徑和變通方法。跟都市設計師一樣，很多創新者對於人們不照著當初的設想來運用他們的構想時，會感到十分沮喪。但實際上，找出人們自創的捷徑其實深具價值，因為這就像是人們在告訴你，他們想要有更簡便的方法。

@FAKEGRIMLOCK是一個推特（Twitter）帳號，也是科技網紅，他的人設是一隻來自未來的機械暴龍，喜歡用全大寫字母跟片斷的句子推文。雖然此刻你的腦海可能浮現很瞎的畫面，但其實FAKEGRIMLOCK時不時都會寫一些還滿有智慧的話。這隻博學多聞的未來暴龍曾講出讓我們非常欣賞的箴言，其中一句是關於期望路徑和捷徑所帶來的機會：「看到長得像牛皮紙膠帶的小路時，就發揮令人驚嘆的創意吧。」（WHERE YOU SEE DUCT TAPE, REPLACE WITH AWESOMENESS.）

讓人自然不說「不」

流線化是一門藝術。有時候解決之道很明顯：假如寫一份五十頁的報告太苛求，那麼把要求降為二十五頁，就可以有效緩解一些心理摩擦力。然而，許多效果最好的流線化技術往往遭到忽視，底下我們就來介紹所有創新者都該具備的兩種流線化技巧。

讓「拒絕」變得更難

一般來說，流線化就是讓你期待看到的行為變得更輕鬆簡單，但還有另一種策略，也就是讓人「不那麼做」變得更為困難。以科學期刊的出版為例，科學研究仰賴同儕審查制度（peer review），每一篇科學論文投稿申請刊登時，都會交由其他專精該領域的科學家進行審閱，以評斷該論文的價值。但這個制度只有在其他科學家願意幫忙審查的情況下，才能發揮作用。審查一篇論文大約需要半天，而許多學者每個月都會收到好幾封邀約信；可想而知，要找到同意審查的人並不容易。如果用傳統方法邀約，科學家會收到一封email，上面只有單純詢問同不同意接受邀請。需要留意的是，點擊「同意」和點擊「不同意」一樣簡單。於是，有些比較精明的科學期刊就想出了更好的問法，他們不是只問同不同意，而是給出兩個選項：接受邀請，或是寫出可以替代你的審查者，並把他的名字和email填上去。

請注意，跟五小時冗長乏味的工作相比，寫下另一位同事的名字和email可說是微不足道，但這仍大幅影響了學者的行為。因為在他決定要不要同意的當下，關於耗費多少力氣的算式已經改變了，由於需要使勁，又帶有不確定性，使得心理摩擦力大增。你得先思考有誰適合擔任審查工作，有時答案很清楚，有時卻未必；等你想好之後，還得找出對方的email。在那個當下，選擇「同意審查」還比較輕鬆。

這邊再介紹一個實踐想法的小撇步。如果你想讓別人對你的想法買單，別問：「你覺得這個想法怎麼樣？」而是問：「你覺得這個想法好嗎？還是你有想到其他更好的？」把問句做一點調整，就能讓人沒辦法輕易否決你。因為別人不單要否絕這個想法，還得想出更好的替代方案。這個小小的心理摩擦力就足以讓很多人改口表示贊同。

為人們設定預設值

流線化的目標是消除障礙，讓想要出現的行為更容易做到。那假如你還能往前更進一步呢？假如你其實可以改變力氣的計算，讓想要發生在客戶身上的行為不只變得更容易執行，而且還不用出任何力？這就是把行為設成預設選項時會發生的事。預設值的意思就是，在不採取任何行動的情況下會發生的結果。

如果要給行為科學裡面效果最強大的幾個工具頒獎，設為預設值的方法肯定能拿第一。我們可以參考以下的證據：多年來，迪士尼樂園一直想鼓勵主題樂園裡面的孩子們選擇更健康的飲食。但也不難想像，所有推廣蔬菜、水果的行銷手法和訊息，都無法讓孩童遠離披薩和汽水。後來迪士尼用了另外一招：把兒童餐預設的選項換掉了，不再把三明治跟薯條、汽水搭在一起（原本是這樣搭配），而是將預設選項改成水果跟果汁。孩子們還是可以要求換成薯條和汽水（不用另外加錢），但必須要主動提出才能更換。多數的孩童選擇走最省力的路。更改預設值的方法，減少了二十一％的卡路里、四十％的脂肪，以及四十五％的鈉攝取量。

更改預設值甚至還能拯救生命。在德國，只有十二％的人口登記了器官捐贈。如果跟鄰國奧地利九十九％的登記率比起來，這個數字實在是相當低。丹麥的情況比德國更糟，器官捐贈的登記率不到五％，但瑞典的比例卻高達八十五%。造成這種差異的原因是什麼呢?器官捐贈登記率比較低的那些國家,人民一出生就是非捐贈者,想登記捐贈還得另外填單。但捐贈很普及的國家,情況就恰恰相反:人民一出生就是捐贈者,想從名單上除名就得撤銷登記。無論是要登記還是撤銷,都花不了多少功夫,大不了填張單子。但就算換一條替代道路很容易,多數人還是寧可走最省力的路徑。

最近課堂上有位高階主管,分享了他是如何利用預設值原則來應對變革阻力。每當他想要推行新倡議,往往就會被抱怨的聲音淹沒。公司政策哪怕只有一丁點兒的變化,都會招來批評聲浪,所以他乾脆直接把預設值改成「同意」。他把早餐時段的「辦公時間」變成一種習慣;頒布新措施時,都會邀請對該倡議有疑問、疑慮或想法的員工登記參加早餐會。他發現那些有正當理由的人都會現身,而他們正好是他會樂於聽取意見的那群人。至於大多數因為比較不熟悉,或只為了付出一點力氣就感到輕微抗拒的人,都不會騰出時間參加會議。等他們花時間適應之後,自然而然便成了團隊的一員了。

只要妥善利用預設值,就能讓其他人按照你的步調來轉化需求。試想一下自己收到的每樣請求，拜託你幫忙、向你徵詢意見等等，可能都會使你十分為難。雖然多數人都樂於協助，但假如不管三七二十一你通通答應，肯定會把自己累死（就像很多領導者一樣）。這時候，先把預設值管理好，可以成為你的救星。你若是想幫忙，可以答應沒關係，但要請對方先邁出第一步。假如某人想找你喝個咖啡，請教一些事情，就請對方先把行事曆邀請傳給你。*如果有人想要徵詢職涯建議，你可以說：「我很樂意協助，請先把履歷email給我，裡面簡單寫一下你的職涯目標。」

無論對方的要求是什麼，都要請他們先邁出第一步。洛蘭也是基於這項原則來管理自己跟學生的互動。根據他的經驗，一旦你要求別人做一件再小不過的事，十之八九都會作罷。有些人會真心尊重你的時間，但也有某些人只要對自己方便，就會想借用你的時間，而你的時間只夠花在前者身上。設定好正確的預設值，可以幫助你看出真正珍惜你時間的人。

＊譯註：線上行事曆的一種功能，可以指定日期且讓對方決定是否接受的邀請。

像ＵＸ設計師一樣思考

你有沒有想過，為什麼某些網站和手機應用程式，用起來比其他的更簡單、更順手？歡迎來到使用者體驗（ＵＸ，user experience）設計的世界。ＵＸ設計師打造出我們跟軟體產品之間的介面和關係，他們的工作是要藉由消除使用者體驗中的力氣，讓數位產品用起來更「直覺」。像ＵＸ設計師一樣思考，可以幫助你找出心理摩擦力，把動作路徑流線化。你可以參考ＵＸ設計的四項原則，獲得助人省力的靈感。

減少需要的動作

使用者體驗過程中的步驟愈多，人們愈有可能用到一半就放棄。西門．金（Simon King）是一位作家，同時也是服務於知名ＵＸ公司如多鄰國（DuoLingo）和 Abridge AI 的成功設計師。他提到**使用者旅程中的每一步（即便看似無害）都有可能惹到使用者**，以致放棄整趟旅程——或者，以ＵＸ的語言來說，會導致他們「跳出」（bounce）。

假設你要在網站或手機應用程式上讓人註冊會員資料，只要過程中的步驟愈多，使用者在完成前就跳出的可能性愈高。他們有可能在前幾個步驟就跳出（輸入姓名和email），也有可能在第三步（填寫手機號碼）或第四步（新增信用卡資料）跳出。每一步都有風險，都有可能製造微小的心理摩擦力。使用者可能會分心，也可能會停下來重新考慮要不要購買。

那麼，要用什麼方法解決呢？答案是「自動填入」。這有可能是過去幾年最巧妙的UX創新之一。自動填入指的是數位應用程式裡的一段代碼，它可以叫出表單上預存的資料，像是email、手機號碼，甚至信用卡資訊等。自動填入可以減少必要的步驟，也能大幅提升使用者完成註冊旅程的機率。

簡明才是好設計

就算你有辦法增加產品的功能，也不表示你該這麼做。如果產品的功能太多，介面就有可能變得太複雜而惱人，這會導致兩種心理摩擦力產生，包括惰性（要花時間、精力）和情感阻力（覺得用起來壓力好大）。簡明原則有個非常完美的案例，就是Google搜尋頁跟Yahoo!的差異。Google的頁面設計確實沒有多好看，但對於初次造訪的人來說很容易使用，比較不會有不確定性的問題。在這個瞬息萬變的搜索引擎世界，保持簡潔就是它的競爭優勢。西門．金很慎重地強調：「**簡單不見得都是少的意思**，它真正的意思在於，設計新的使用者體驗時，必須要讓使用者幾乎不可能在無意之間犯下嚴重的錯誤。」

選項，少即是多

你上餐館時，是否曾經為了菜單選項多到像電話本一樣感到十分困擾？有些餐廳的菜單去蕪存菁，反而會給我們一種奢華的極簡感——選項比較少，要花的力氣就跟著減少，也比較不怕選「錯」主餐。產品設計也是同樣的道理。希克定律（Hick's law，以心理學家威廉．艾德蒙．希克〔William Edmund Hick〕為名）主張，你給的選項愈多，對方考慮的時間就愈長，要費更多的心力才能做決定。UX的設計概念提到「少即是多」，因為給使用者的選項太多，有時也會令人不知所措。

讓用戶掌握進度

UX設計的最後一個原則是，要讓使用者知道自己在網站上進展到了哪裡。當一個人初次上某個網站，可能會覺得要自己走完整趟流程令人望而生畏，尤其是不曉得終點在哪的時候。因此，只要在使用過程中，一路上給他們提示，就可以讓整個體驗比較不那麼繁重、不確定。軟體設計中，這類型的回饋主要是透過確認提示或進度條（progress bars），把用戶數位體驗的進展過程視覺化，讓每一次的加強提示跟確認都像個小獎勵一樣。不這麼做的話，原本的使用者旅程可能就會感覺比較艱苦。

重點回顧

克服惰性

人類心智偏好走阻力最小的路。初次面對新構想或創新時，心智會本能地去計算執行成本有多少。需要的力氣愈多，抗拒就愈強。不幸的是，創新通常都需要耗費某些力氣。力氣包含兩種面向：使勁和不確定性。假如「使勁」可以清楚顯示達成目標所需要的工作量，那麼「不確定性」反映的就是人們是否知道如何達成目標。想知道你的下一個構想會面對多大程度的惰性阻力，可以先自問以下兩個問題：

1. **想讓這個改變實現，需要耗費多少體力和心力？**
愈是費力，新構想面臨的阻力就愈大。

2. **人們知道如何落實你所期望的行為嗎？或是一路上會充滿不確定性？**
很多新構想對創新者來說很簡單，對其他人來說卻是籠罩在不確定性之下。

本章探討了克服惰性的兩種主要做法。不確定性可以透過我們稱作**建立行動流程圖**的過程來克服，而使勁則可以經由我們稱作**把行為流線化**的過程來轉化。底下這些問題可以協助你診斷、消除潛藏在新構想裡的惰性阻力。

建立行動流程圖

1. **你能為人們示範某個期望的行為要如何落實嗎？**

如果創新的改變充滿不確定性，提供逐步指引會比較能使人接受。

2. **你所期望的行為，大家會知道要在什麼時候做嗎？**

提供清晰的機會之窗，為創新騰出時間，比較能讓人記得去做。

3. **你有辦法建立「如果……，就……」的觸發情境嗎？**

單純只是忘記要做出某項行為（而非主動抵制）是人們沒有採納新構想的一大原因。建立「如果……，就……」的觸發情境可以改善遺忘的問題，它能在記憶之中，把未來的某個時刻和該有的正確行為清晰地連結起來：如果出現X的情況，就做Y。

把行為流線化

1. **想要實現你的新構想，必須經過哪些步驟才能達到（包括看似無關緊要的步驟）？**

體驗時間軸可以把阻礙創新的隱藏痛點揪出來。

2. **要怎麼做才能讓創新更容易實踐？**

記住，就算只是消除看似微小的心理摩擦力，也能產生巨大的成果。

3. **你能把拒絕創新變得更費力嗎？**

流線化的本質是要把你所期望的行為變得更容易實行，而另一項策略則是把「不同意」變得更困難。

4. **你能讓對方在不費吹灰之力的情況下，做出你想要的行為嗎？**

一旦把創新變成預設選項，就幾乎能保證成功。

7

心理摩擦力③

情感阻力

看不見的心情最需要留意

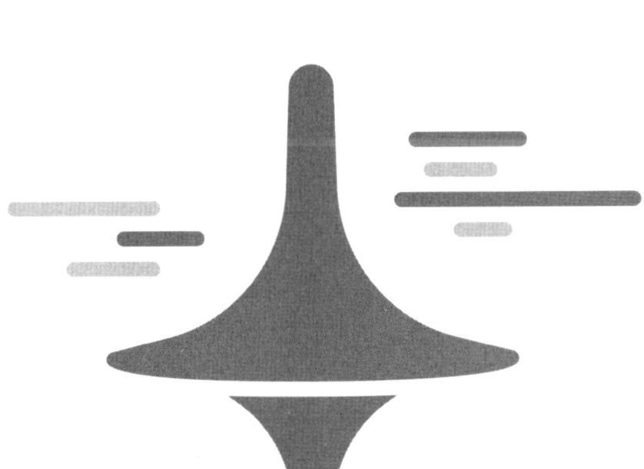

如果你曾烤過蛋糕，很可能也用過蛋糕預拌粉。如今會用袋裝預拌粉做蛋糕的美國人，比起完全只靠自己手作的，還要多出六千萬人。蛋糕粉的吸引力不難理解，純自製蛋糕實在要下很多功夫（也就是力氣），而且還講究動作精準。烤箱的溫度或麵糊的粘稠度只要有一點點差池，蛋糕就發不起來。蛋糕粉則省掉了這些麻煩，幾乎可以保證成品完美。對於廣大的烘焙者來說，這無疑是一項了不起的創新發明。

蛋糕粉的好處這麼多，你可能會以為除了那些狂熱的純自製主義者之外，應該所有人都會把它當作烘焙首選。然而，蛋糕粉首次於一九二九年打進市場時，實際情況卻離一舉成名還差得老遠。儘管有這麼多明顯的優點，最終仍花了二十五年才流行起來。

它的問題不在於味道，從口味測試可以發現，大眾對這種預拌粉的喜愛絲毫不亞於今日。問題也不在於價格，用預拌粉比從頭到尾自己做還來得更便宜。事實上，問題跟蛋糕本身一點關係也沒有，而是蛋糕「所代表的意義」。試想一下，我們做蛋糕的目的是什麼？通常不是為了自己，而是為了幫某人慶祝。藉著做蛋糕來表達愛與關懷，為重要的節日和成就慶賀。對於我們關心的人，蛋糕就是終極版的賀卡，我們為了製作而砸下的時間可以顯現自己的關愛，蛋糕本身只是體現情感的手工品。

蛋糕粉首次引進時，人們把使用蛋糕粉視為很沒誠意的行為。用預拌粉做蛋糕，就好比邀朋友來家裡吃家常菜，端出來的卻是微波冷凍食物。戰後時代的家庭主婦會覺得，用預拌粉做蛋糕就象徵著：「我對你沒那麼在乎，所以才拿這個來製作。」這樣的污名是一種強大的心理摩擦力，對於推廣非常不利。假如你的蛋糕是用預拌粉做的，就只能祈禱沒人會發現，以免落人口實，說你取巧偷懶。

到了一九五〇年代，當時蛋糕粉的主要銷售商通用磨坊（General Mills）已學會接受蛋糕粉吸引力有限的事實。它頂多只能充當替代方案，烘焙者沒時間搞定時才會拿來用。

接著，恩斯特・迪希特（Ernest Dichter）登場了。他是維也納的心理學家，為了躲避即將延燒到歐洲的戰火而移民美國。[1]迪希特相信，能夠用來診斷和治療神經性疾病的心理學原理，也一樣可以用來深入了解消費者的需求。他的研究方法中，最具代表性的一項發明就是**焦點團體訪談**（focus group）。[2]焦點團體訪談創造了一種環境，讓研究對象在與他人進行質性討論（qualitative）的過程中，能更深入地表達自身所需。這項創新的研究法跟當時流行的量化技術（quantitative，例如問卷或民意調查）形成了鮮明的對比。迪希特認為問卷調查雖然有助於釐清大眾選擇的是什麼，但焦點團體卻可以找出他們何以做出這樣的選擇——也就是這些選擇背後的潛在動機。[3]

據傳通用磨坊公司僱用了迪希特，設法幫他們的蛋糕粉品牌貝蒂妙廚（Betty Crocker）洗去污名。迪希特與烘焙者會面，想了解他們為何不願意使用蛋糕粉。[4]儘管最主要的原因是怕被批評沒花時間從頭開始製作，但迪希特還發現了另一個蛋糕粉公司沒注意到的深層問題。

貝蒂妙廚蛋糕粉把所有製作蛋糕所需的材料都包含在內了，烘焙者把蛋糕送進烤爐前唯一要做的事情就是加水攪和。前面所謂的深層問題指的是，蛋糕粉會讓人少了做烘焙的感覺。烘焙者不僅不用多費功夫，還連材料都不用加！人們喜愛烘焙的一大原因是親手製作的自豪感，但是用了蛋糕粉，這種自豪感就消失了。

迪希特讓通用磨坊理解到，蛋糕粉的問題恰是使它成為一大創新的原因——用起來實在太簡便了。他的建議是：把一小部分的力氣加回製作過程中。出於某些原因——其中部分根源於佛洛伊德的理論——迪希特決定以新鮮雞蛋做為家庭烘焙者唯一需要加入的材料。把雞蛋打進預先拌好的麵糊中，所需的工作量可說是恰到好處。雖然還是比純自製來得簡單很多，卻足以讓家庭烘焙者覺得蛋糕是「他們自己做的」。

自從通用磨坊把雞蛋粉從配方中除去、請人自行加蛋之後，成就感和滿足感又回來了，消費者感覺自己真的在烘焙。於是，蛋糕粉不僅銷量直線上升，在美國的家庭烘焙界也持續走紅。這就是為什麼時至今日，大多數的蛋糕粉都還是要烘焙者自行加蛋。

如何扮演稱職的交友網站

從蛋糕粉的歷史可以看出情感阻力是如何妨礙創新的。我們對情感阻力的定義是：**抑制新構想和創新的下意識負面情緒**。它的類型廣泛，比如採用新產品所衍生的焦慮和疑慮，就是一種常見的情感阻力；在老師面前得寵的尷尬感受，也是一種情感阻力，很多學子可能因此無法展現自己的學術潛力。社交焦慮會阻礙內向者參加有益的社交活動，對他們來說這也是一種心理摩擦力。我們每天都會遇上各種大大小小的心理摩擦力，請回想一下第二章提到的美軍募兵故事，其實也跟情感阻力有關。很多想要入伍的人之所以沒有報名，是因為他們不敢面對媽媽聽了之後的反應。

情感阻力與我們想做的事有可能恰好相反。我們介紹一個新構想時，通常都希望能激起正向的情緒，帶給大眾喜悅、興奮、自信等等的感覺，但卻往往沒有注意到，受眾的情緒反應很可能正好相反。就算某個點子很有潛力實現，一樣可能在無意間引發負面情緒，嚴重影響人們的接受度。一旦發生這種狀況，負面情緒就會成為心理摩擦力。而且，就跟其他的心理摩擦力一樣，我們必須先解決情緒造成的阻力，才有可能讓改變成真。

如果你能趕在競爭對手之前，看出他們忽略或沒有解決的情感阻力，就能逮到天賜良機。看看交友APP「Tinder」有多成功就知道了。在Tinder出現以前，線上交友是由Match.com和eHarmony等公司所主導。這些公司會要求你填寫詳盡的個人資料，甚至包括政治觀點、薪水、體型等隱私。當你建立了個人檔案之後，下一步就是從龐大的資料庫中搜尋匹配者，最後則要email給你感興趣的對象。

Match.com的模式有相當明顯的力氣。人們必須下很大的苦功來打造完美（但不一定準確）的線上個人資料。不僅如此，你還得花更多時間去尋找符合理想的對象。想要找到對的人也沒那麼容易，到底要找距離五英里內的對象，還是更遠的呢？這還只是客製化搜尋的數十個選項之一。改變其中的任何一個參數，都會得到完全不同的結果。找到理想的對象之後，還要精雕細琢一份完美的email。由於對方很有可能是你的真命天子或天女，所以很多人會花數小時寫信，反覆修改內容，希望自己能寫到打動對方的心。

整個過程非常耗時費力。有些人可能會覺得很有趣、令人振奮，但對許多人來說，這麼做實在非常累人。而Tinder能獲致成功的部分原因就在於，它大幅削減了交友過程所需的力氣。除了建立個人檔案只要幾分鐘之外，Tinder還會自動幫你找到合適人選，你也不需要發訊息，只要手指一滑就好。

把事情簡化只是Tinder成功的部分因素，它還幫忙消除了令人痛苦的情感阻力。假設你使用Match.com，你必須主動聯繫那些你也不確定是否對自己感興趣的對象。要表達自己中意對方必須很有勇氣，因為一旦被拒絕，心裡也會大受打擊。想像你找到了看似非常合適的人選，因此寫了文情並茂的訊息，想邀他出來喝杯咖啡，但Match.com的使用者卻經常得到如下的回覆：

「我想找年輕一點的對象。」

「抱歉，我不跟共和黨的支持者約會！」

「你不是我的菜。」

或者更糟的，是訊息直接石沉大海。問題的關鍵在於，使用傳統線上交友平台必須面對一連串的拒絕。很多人放棄了Match.com這類的網站，正是因為連番遭拒讓人感覺很不好受。Tinder創造出一種可以互表好感的系統，把線上交友的情感阻力消除了。如果想聯繫Tinder上的某個對象，雙方必須互把個人頁面「往右滑」。在彼此都有好感的前提下，自然就不會受到打擊了。Tinder的核心見解是，一旦你知道某人願意讓你親近他，就會比較自在一些。由於Tinder找出了傳統交友網站的問題所在並將之修正，使得Tinder（以及眾多的模仿者）的模式成了線上交友的主流。

情緒是什麼？

情緒對我們的行為影響深遠。情緒經驗是一種感覺，但它遠不只是主觀的體驗。情緒能影響我們的想法和行動、轉移我們的注意力、改變我們處理資訊的方式、改造我們腦中的觀點與記憶。

我們之所以會有這些情緒，是因為演化讓我們能在情況危急時做出適當的反應。例如察覺到環境中的潛在威脅時，恐懼的反應會被觸發。體驗恐懼的目的就在於避開風險，它可以擴展我們的視野，有助於提早發現威脅（恐懼真的能擴大我們的視線邊界），讓我們的身體做好戰或逃的準備。

情緒對於我們的生活兼具建設性與破壞性的影響。自制力的問題根源多半也跟情緒有關，憤怒、驕傲和恐懼容易讓人做出後悔的決定。但情緒對於人體的正常運作也至關重要，無法感受到情緒的人（通常是出於嚴重的腦損傷）會很難理解他人、與他人互動，也很難做出好的決定。

人們「僱用」產品的三大理由

想要更了解情感阻力，我們可以先從它的翻版——情感價值（emotional value）開始。我們發現，想理解情感價值的最佳思考框架之一，就是「用途理論」（Jobs-to-be-done）。用途理論是由產品開發者鮑伯・莫伊斯塔（Bob Moesta）所創建，而後在已故的哈佛商學院教授、創新思想領袖克雷頓・克里斯汀生（Clayton Christensen）所著的《創新的用途理論》（*Competing Against Luck*）一書中，得到進一步的發展和推廣。[5]

它的基礎原則是，人們會「僱用」產品和服務，來滿足三種基本需求：**功能價值**（functional value，例如可以幫你省時間）、**社會價值**（social value，例如可以讓你的朋友留下深刻印象）和**情感價值**（emotional value，例如能為你帶來快樂）。根據莫伊斯塔的說法：「我們買或不買、試或不試的每一個決定之中，都包含了這三個面向的價值。」

比如當你要買一件新的冬季外套，可能會如此思考這三種價值：

功能價值：穿著這件外套時會有多溫暖、多乾爽。

社會價值：外套的風格和品牌能給人留下什麼印象（時尚、多金、樸實、文青等等）。

情感價值：穿在身上或是看到它掛在衣櫃裡的時候，自己會有什麼感覺。

這個架構並不限於產品和服務，而是適用於任何一種想法和創新概念。我們可以想想新冠肺炎對教育造成的影響。二〇二〇年春天，隨著美國進入封城狀態，各級學校紛紛改成線上教學。幾乎一夕之間，教師們就得把教材和授課內容全都搬上線。幸運的是，像Zoom和Microsoft Teams這類的視訊會議技術都有辦法擴大規模，滿足新需求的浪潮。然而，這項新技術的功能價值只是眾多考量的一部分而已。另一個部分就複雜得多，也更具挑戰性——那就是如何讓學生和教職員都更願意接受線上互動的構想。在這種情況下，教師如何看待這三個面向的價值，會取決於下列問題：

功能價值：線上學習與傳統面對面的教學模式相比，效果會一樣好嗎？該技術的功能足夠應付學生上課的各項學習需求嗎？用起來方不方便？

社會價值：對於師生在人際互動的需求，它能滿足到什麼程度？在學生和同儕的眼中，使用這些技術的老師看起來會是什麼樣子？全面採用的老師看起來會比較像科技達人嗎？如果不太願意使用，會不會顯得自己跟不上時代？

情感價值：使用這項新技術時，教師們會感到自信還是挫折？在這個被科技驅動的世界裡，這樣的轉變會讓人感到樂觀還是悲觀？教師能因此取得個人成功，還是招致失敗？

用途理論最主要的突破，在於理解到價值是具備多個面向的。假如一個人可以基於情緒的理由而接受新觀點，那麼他同樣也可能因為情緒的因素而拒絕改變。

在庇護所前轉身離開的受暴婦女

史黛西．阿隆索（Staci Alonso）很了解動物的療癒能力。他懷兒子的時候失去了未婚夫，當時他靠著寵物的陪伴度過人生的艱難時刻。這段親身經歷讓他體會到，動物的愛和友誼可以讓最艱困的生活變得容易一些。

由於史黛西一心認為自己有必要幫助別人走過苦日子，因此二〇〇三年，他加入了位於內華達州拉斯維加斯的綠蔭樹（The Shade Tree）社福組織，這間庇護所專為受虐、無家可歸的婦女以及他們的孩子提供食物、住所和安全保障，幫助他們擺脫危險的生活環境。綠蔭樹自一九八九年以來就一直在做這些重要的工作，為內華達州各個社區、各行各業的婦女提供服務。綠蔭樹為大家敞開大門，唯有一個例外：寵物禁止進入。

對於一個沒在養寵物的人來說，這條規則似乎沒什麼大不了的。也許，受暴婦女可以把寵物送養或託付給朋友。但任何一位寵物主人都明白，寵物不只是寵物，牠們還是真心的摯友，提供無條件的愛——對於被困在虐待關係裡的女性來說，寵物的意義更是超乎想像。正如史黛西告訴我們：「寵物是提供療癒、愛與支持的重要因素。對於許多受暴婦女來說，拋下自己心愛的寵物，根本想都不用想就知道不可能。」他說：「這是由情感驅動的。」受暴婦女往往不肯拋下寵物，因而滯留在危險的環境之中。這些動物是他們在生活中，獲得溫暖、歡樂和友誼的唯一來源。史黛西回憶道：

我們很常看到婦女把車停在庇護所的停車場後，會先把狗狗拴在電線桿上，或是把貓籠放在人行道上，接著才會走向門口。我們注意到，當他們看到「禁帶寵物」告示的那一刻，他們會站在那裡一會兒，思考該怎麼做。他們會看一看庇護所，又看一看寵物，發慌幾分鐘之後，再轉身回頭，折回他們逃離的地方。

庇護所接聽電話時，也會出現同樣的模式。史黛西發現：「（某個婦女）打來問一些跟庇護所相關的問題時，他會先問比較基本的資訊，比如怎麼來、如何登記入住等等。談了幾分鐘之後，他會接著問：『我能帶我的狗過去嗎？』一聽到庇護所說『不行』後就直接掛上電話。」看著同樣的劇情上演了數十次之後，史黛西認為消除「禁帶寵物」的情感障礙勢在必行。

二〇〇七年，史黛西成立了諾亞動物之家（Noah's Animal House），這是另外在綠蔭樹庇護所土地上興建的獨立設施，讓那些尋求安全庇護的婦女帶來的寵物也能享用服務和寄宿環境。正如綠蔭樹是婦女的避風港一樣，諾亞動物之家也是寵物的避風港。因為是建在同一塊土地上，受暴婦女重建生活的同時也可以去看看自己的寵物、陪牠們玩。療癒的過程中，他們不必再跟愛與喜悅的最大源頭分離，而是可以相互陪伴。

正如史黛西和諾亞動物之家的故事所顯示的，對於我們希望幫助的那些對象，如果能仔細觀察他們經歷的完整「歷程」——包含引發他們做決定的一連串事件、動機和感受，以及在他們決定改變（或不改變）之後，逐一浮現的後續事件和感受——往往能揭露潛藏其中的情感阻力。如果單看某位女性帶著寵物來到綠蔭樹的歷程，並無法找出阻礙他改變的重要情感阻力。但只要細心研究多個對象的歷程，觀察他們共通的模式，個中問題（及其根源）就會變得呼之欲出。

就像注射顯影劑可以讓醫學影像看起來更清楚一般，透過研究跟比對多個使用者歷程，能讓我們看見心理摩擦力出現的關鍵時刻。這種方法對於辨識情感阻力特別有幫助，因為傳統的市場研究方法在這方面不太管用。一旦我們找出了這些關鍵時刻及其根源，就可以對症下藥，一如史黛西和他的團隊所做的那樣。

二〇二〇年，美國有超過十％的庇護所提供寵物收容——三年前才只有四％。儘管取得了空前的成功，史黛西還是告訴我們，他不會就此滿足。諾亞已經開始對外開放他們的作業流程和運作模式，並免費提供資源與建議，讓其他庇護所也能打造類似的做法。也就是說，他提供了清晰的行動流程圖，藉此減少其他人創建「寵物友善」庇護所時所須耗費的力氣。「我的目標是要去除國內所有家暴庇護所門上的『禁帶寵物』標示。」史黛西這麼說道。依目前的情況看來，他很有可能達成目標。

殺價，讓採購部門又累又愛

由於史黛西找到了阻礙受暴婦女求助之路的情感阻力，並成功加以消除，因而激發了全國性的改變風潮。然而，在情感阻力這件事情上，創新者也有可能意外成為故事裡的反派角色。

幾年前，大衛受邀在一個全球頂尖採購長（chief procurement officers，CPOs）雲集的重要年度論壇上發言，這個論壇把自己描繪成（沒在開玩笑）「採購界的達沃斯論壇」（The Davos of Procurement），*光是聽到這樣的類比就讓人覺得這次邀約非去不可。採購長是指大型組織裡，負責揀選和管理外部供應商，並與他們協商費用的人。他們以強硬的談判策略、鍥而不捨削減成本而聞名，常常在組織內外都遭受敵視。事實上，採購部門常常蘊藏著豐富的點子，有助於組織的創新。

演講結束後，大衛和幾位全球大企業的採購長共進午餐。從他們的交談可以明顯看出，採購長大多有類似的目標跟規劃：盡量壓低成本，讓公司持續營運並發展業務。

大衛請教了某間大型國際銀行的採購長對以下觀點的想法：「既然你的目標是盡可能降低成本，假如在採購流程的第一天，供應商就直接給你『最好也是最終』的報價（best and final pricing），你覺得這會是最理想的做法嗎？這樣你們部門的工作會不會輕鬆一點？」銀行採購長很堅決地回答：「當然不會！」

這位採購長在私下閒聊時解釋，如果供應商直接報了最終底價，他擔心這會讓他的部門看起來很多餘。對他而言，最理想的狀況是能在與供應商交涉的過程中，「發現」更省錢的做法，這樣一來，他和團隊才能信心滿滿地向高層展現他們對銀行的實質貢獻。對於採購長乃至於整個部門而言，傳達這種「對公司獲致成功是必要存在」的「情感價值」，是他們決策時的關鍵考量。

大衛的建議竟然在無意間，把一個功能價值轉變成頗具刺激性的情感阻

＊譯註：達沃斯論壇（Davos Forum）是每年冬季在瑞士達沃斯舉行的著名經濟論壇。

力。他本以為自己是在幫採購部門省時省力，但實際上卻讓他們對自身在公司扮演的角色產生了焦慮和恐懼。畢竟，感覺「自己會被淘汰」跟感覺「自己有存在必要」是完全相反的感受。

這個例子帶出了另一個重要的問題。我們常把商業模式分為兩種類型：

B2C（business-to-consumer，企業對顧客）：公司直接對顧客推銷產品的商業模式，例如零售、消費性電子科技、社群媒體等。

B2B（business-to-business，企業對企業）：公司向其他公司推銷產品的商業模式，例如商用軟體、專業服務、原物料等。

涉及B2B的商業模式很容易忽略心理摩擦力的因素，畢竟你是賣給公司而不是個人。但是正如採購案例突顯的重點，企業是由許多不同的個體「客戶」所組成，每位客戶都會從你所呈現的新構想中，尋求個人的社會、功能和情感價值。

主管都喜歡出色的員工？

有時員工追求的價值會與公司目標完全一致，有時則否。無論是否一致，創新者和變革推動者最好都要多花一點時間去理解組織和其中的個人，有哪些「事情」想要完成。兩者之間若存在明顯的緊張關係，就很容易滋生情感阻力。人事聘用就是個很好的例子。

出色的求職者與表現不錯但不算優秀的人，你比較想錄用誰？這個問題雖然乍看很蠢，但事實並非如此。**公司領導階層很常排擠特別優秀的員工，而且通常是蓄意為之，因而對團隊造成傷害**。

心理學家查理・凱斯（Charlie Case）和喬恩・曼納（Jon Maner）設計了一系列實驗，[6]他們請領導者把一些人分派到兩種職位：一種是關乎團隊成功與否的副手，另一種則是對團隊表現不那麼重要的職務。潛在人選的能力和履歷各有不同，在每次實驗中都有一位胸懷大志、資歷顯赫的人物，顯然是副手的不二人選。然而凱斯和曼納卻發現，領導者往往讓一流的人選遠離最有影響力的職位。

後續的實驗發現，領導者還企圖用其他方式削弱高績效員工，例如故意不分享重要的資訊，藉此讓他們邊緣化。甚至更進一步派他們去做一些沒辦法與團隊建立情感連結的職務，好孤立他們。領導者為何要這麼做呢？我們可以從黑猩猩的行為看出一點端倪。在群體內位處階級頂端的黑猩猩，通常會支持、照顧群體內的其他黑猩猩，然而，這並不包括那些地位居次的同類，因為牠們可能在某天會強大到足以挑戰首領的權威，因而被首領視為威脅，對牠們的敵意也特別強。

人類的領導者也是如此。在凱斯和曼納的實驗中，領導者往往因為感受到威脅而把優秀的人選降職。多數領導者都熱愛掌控權力跟影響力。儘管把具有雄心壯志的人選放在重要職位，對團隊有可能是最好的決定，但這也會讓這樣的人選變成潛在的對手。

理論上，組織內的所有人都應該為同僚的成就喝采、幫自家人取得勝利，因為個人的成功就是團體的成功。然而一旦把情感阻力考量進去，情況就大不相同了。

現代人購物更自主，也更怕買錯

一九四七年，美國車主的新時代來臨。洛杉磯的加油站老闆法蘭克．歐里奇（Frank Ulrich）在這一年開設了全美第一家自助加油站。在此之前，都是由訓練有素的專業人員替汽車和卡車加油。車子一駛進加油站，鈴聲會響起，身穿制服的職員就會走出來幫你加油，順便檢查機油、給輪胎打氣、清潔車窗。這些加油專家對車輛的各方面都很了解，顧客連一根手指都不必動，一切就已經打理好了。正如該行業後來所稱的，這是一種全方位服務的體驗。

四十多年來都是如此，消費者不必對加油過程有任何了解，也不用知道引擎蓋底下發生了什麼事。消費者唯一要做的事情就是消費，剩下的交給專業人士處理就好。

歐里奇看事情的眼光則與此不同，他相信美國消費者有能力自己加油，而且如果能省點錢，很多人會很樂意這麼做。因此他開始在洛杉磯地區的加油站推行創新的做法，稱為「自助式」加油。歐里奇的口號清楚掌握了該公司的價值主張：「自助加油輕鬆省，何必多花五分錢？」這個構想很快就流行起來了。隨著自助式加油站在全國各地激增，美國駕駛取得油料的方式已經回不去了。「自助式」時代已經到來。現在，人們想了解關於產品、服務或想法的吸引力資訊時，彷彿也進入了類似的「自助式」時代。

當迪希特與他的工作夥伴在為情感價值奠定基礎的時候，新產品和新服務的資訊都是經由報紙、廣播和電視廣告來傳播。民眾幾乎全靠這些充滿吸引力的行銷內容和社交圈的直接回饋，來決定自己要不要購買。因為一般人很難憑著一己之力取得新產品和服務的相關資訊，所以廣告內容和推銷口號都含有大量的「推進型吸引力」，由訓練有素的行銷專家直接「灌」給顧客。行銷、銷售和話術本質上都屬於「全方位服務」的操作手法。

在現代，雖然公司依舊採用廣告和行銷說詞來傳達價值，但民眾對這種全方位服務管道的依賴，已經遠少於迪希特把「買包口香糖」與「童年時的親子關係」做連結的時代。今日的消費者比往日更有能力自行探索與學習，與產品、服務、公司和個人有關的資訊都相當豐富（甚至可說是太過豐富），也因此了解「吸引力」的過程會比較像是自助式的行為。身為消費者的我們都很清楚要去哪裡取得所需的資訊和數據，以幫助自己做決定，而這些資訊的來源往往也不過就是從外套口袋或手提包掏出手機來罷了。我們生活在這樣的一個世界：可以自行選擇要看什麼廣告、不想看的就快轉。事實上，現在有些企業的經營，仰賴的正是「幫助我們避開傳統的全方位行銷手法」。衛星廣播、Spotify和影音串流電視的用戶，都可以透過成為付費會員來避免廣告「灌入」。

因為今日我們了解新產品吸引力的做法已朝著「自助式」的方向發展，使得我們對新產品的好感大多是自發產生的。我們先是想到某個問題需要解答，接著上網看看有哪些選項，再把找到的選項拿來比較一番。過程中可能會諮詢一下朋友、同事乃至其他人（通常是網友）的意見，然後根據我們個人對功能、社會和情感價值的評分來做選擇。投入了這些時間之後，我們會期望獲得的價值多於找資料所花費的精力——就像一九四〇年代歐里奇相信第一台自助式加油機能帶來的願景一樣。

但自行了解吸引力也有個滿弔詭的副作用——**它放大了「做錯選擇」所必須面對的情緒代價。**現代人獲得了自己查找資料的能力，但他們也因此感受到做決定所須負起的責任，這就帶來了情感阻力。因為我們自主了解吸引力而產生的情感阻力隨處可見，導致我們做決定時會拖延、猶豫、不知所措，買了東西之後所做的功課，反而比購買之前還要多。我們把線上購物車塞滿了商品，又在結帳時一個個刪除。隨著我們的社會繼續從全方位服務朝向自助式服務轉變，創新者也應該因時制宜轉變角色。當「選錯」的情緒風險愈來愈高，創新者必須從創造需求轉為幫助個人創造信心。

8

克服情感阻力

深入人心，消除負面情緒

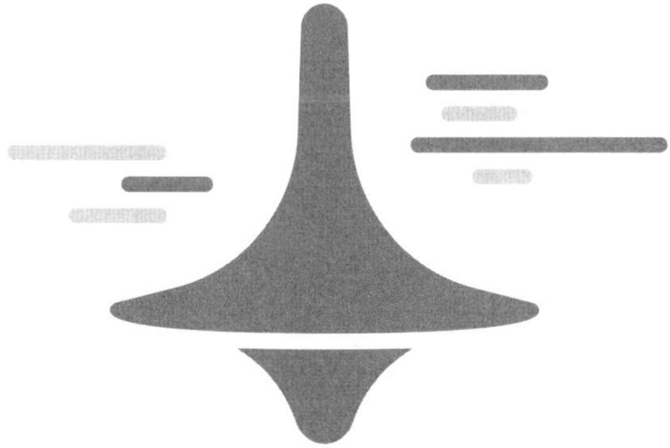

九〇年代末到二十一世紀初，一群心理學家做了一連串研究，想了解人類對周遭環境的覺察力有多高，而他們特別想知道我們對環境中的異常現象到底有多敏銳。為了找出答案，研究人員聚焦在一群以檢查細節為業的人身上——放射科醫師。這些醫師負責查看、解讀醫學影像，例如電腦斷層掃描、核磁共振造影、X光攝影、超音波影像等。他們都經過嚴謹的人體解剖學訓練，而他們的職責就是要檢查影像中有沒有任何不尋常的東西。

研究小組找來一群放射科醫生，請他們評估例行體檢的胸部X光片。但這些X光片其實非比尋常，因為它們全都經過修改：體檢者的鎖骨被變不見了。若有誰能察覺X光片不對勁，那一定非放射科醫師莫屬，他們已經被訓練到連細如髮絲的骨折都看得出來。照理說，有經驗的放射科醫師應該都可以很快發現整根鎖骨消失了，但最後沒看出問題的人竟超過六成。[1]

考量到這份研究的結果可能純屬意外，研究者後來又找了一群臨床經驗超過十五年的放射科醫師。這回他們給的是肺部的電腦斷層掃描影像，請醫師找出其中的結節或腫塊。但這次他們沒有移除人體中的重要部位，而是置入一張圖片——看清楚囉——他們放了一隻憤怒揮拳的大猩猩。結果這群經驗老到的放射科醫師，竟有高達八十三%的人根本沒注意到影像中的大猩猩——這可是一隻大猩猩耶！你可能會以為是圖片太小所以看不出來，但事實上，這隻大猩猩比一般肺結節的尺寸還要大上四十八倍！[2]這到底是怎麼一回事？

放射科醫師之所以會沒有注意到大猩猩，從某個角度來說，是因為他們「根本看不到」。經過受訓，放射科醫師會發展出某種精密的心智模型，能描繪出他們預期在X光片上看到什麼東西。雖然他們可以從**符合**人類生理構造的圖像中，反射性地找出異常病變，但對於不符合腦海預設樣貌的東西卻會視若無睹。這些醫師沒有發現消失的鎖骨和嚇人的大猩猩，是因為他們正在專心檢查其他問題。

因為沒在搜尋某個事物就對其視而不見的現象，叫做**不注意視盲**（inattentional blindness），我們每天都會上演這樣的事。想想你上次去超市採買特定商品時，貨架上成千上萬個不在購物清單上的東西，你還記得多少呢？八成沒記得幾個吧。既然它們不是你要找的東西，自然你就不會留意；它們並不符合你逛超市的心智模型，所以你會視而不見。我們對情感阻力也是如此。

帶給新手自信心的樂器行

然而，我們確實應該要多加留意。因為處理情感阻力，並不是只能幫新構想挑去幾個小毛病、讓它稍加改良而已。只要能發現被別人忽視的心理摩擦力，就能掌握令人不可思議的大好機會。

回想一下Tinder的例子。Tinder的設計可以消除傳統交友網站上那種遭人拒絕的恐懼。一旦消除了這份恐懼感，不只能讓Match.com的現有用戶轉移到Tinder，還能帶來更大的收穫：原本只願意潛水旁觀的人也會受到吸引而入坑。事實證明，喜歡用網站或應用程式來交友的潛在用戶其實為數眾多，但

Match.com之類的平台用起來太過費力，還會產生情感阻力，使得這些潛在用戶感到卻步。一旦這些障礙遭到移除，市場就大爆發了。從創新之中移除情感阻力的好處很多，其中最令人振奮的就是可以大幅擴展新構想的市場，而類似的案例不勝枚舉。

Sweetwater Sound是創立於印地安納州韋恩堡（Fort Wayne）的樂器及錄音設備專賣店。跟許多優秀的公司一樣，Sweetwater Sound也有個溫暖人心的品牌故事。該公司是在一九七九年由音樂家查克・蘇拉克（Chuck Surack）創立，當時年僅二十二歲的他，曾以薩克斯風手的身分在美國巡演多年。他對在外奔波的日子漸漸感到疲倦，很想找到一種方法，既能活躍於音樂界，又能離印第安納州的家近一些。

在當巡迴樂手的期間，查克注意到唱片產業有個尚未被滿足的市場需求。他發現從車庫搖滾樂團到教堂唱詩班的眾多業餘音樂家，都想用專業的方式錄製音樂。但傳統錄音室成本高昂，在大城市以外的地方也很難找到，於是查克就把家人給他的那輛福斯小巴裝上錄音設備，改造成移動錄音室。

他的整個商業模式很簡單：先把小巴開到教堂、學校或其他活動場所，從車上錄製現場表演，再轉成錄音帶賣給客戶。他有時還會加入其他樂器的音軌，讓錄音品質更有專業色彩。這台福斯小巴就是Sweetwater Sound的創業起點。

如今，Sweetwater Sound已成為全美最大的線上樂器和錄音設備零售商。該公司週週都能售出約三千三百把吉他、三萬七千個吉他彈片、八百三十架電子琴、四百六十套爵士鼓，以及五千三百支麥克風。考量到過去二十年對樂器產業來說相當艱困，Sweetwater的成功就更加值得關注了。大多數的鋼琴、爵士鼓和吉他專賣店都關門大吉了，他們最大的競爭對手吉他中心（Guitar Center）也在二〇二〇年底根據《破產法》第十一章申請破產保護令，但Sweetwater在同一時期卻迎來了公司史上最蓬勃的一年。

Sweetwater之所以能如此成功，主因是他們掌握了競爭對手忽略的情感阻力。吉他和其他樂器的專賣店對新手來說都是出了名地嚇人，這些店聘請的員工通常都對音樂和相關設備知之甚詳。雖然他們深具音樂創作的熱忱是件好事，但他們的專業知能實在太強了，以至於跟新手談論樂器的基礎知識時，會讓他們覺得既沮喪又無趣（有時候這又稱作**知識的詛咒**，curse of knowledge），而這種挫折感往往會在與新手交流時流露出來。

無論是玩樂器、學習自己不熟悉的運動、還是學一個新的語言，嘗試新事物都需要勇氣。初學者害怕因為知識與能力不足而陷入尷尬的狀況，他們也擔心被別人評價。在心理學裡，初學者的焦慮又被稱作**外行的羞恥**（the shame of the uninitiated），而這種感受可以用新手第一次踏進樂器行的焦慮感來概括呈現——根本不知道要從何開始，也不知道該問什麼問題。此刻新手最期待聽到的，無非就是耐心鼓勵的話語，以幫助他們度過學習過程中最不安的頭幾個月。但期待歸期待，他們實際聽到的卻是店員說著各種行話和專業術語，帶來完全相反的情緒體驗——這就像是在告訴他們：「你並不屬於這裡。」

由於查克創業之初就是在協助業餘音樂家，因此對初學者的焦慮有很深刻的理解。他知道有一大票人想要學音樂，或是重拾中斷已久的樂器，但是其中的不確定感會讓人很難把想法付諸實踐。於是，Sweetwater決定要悉心規劃一種銷售文化，讓所有的音樂人都能感到舒服自在——無論你是新手，還是專家。

為了逐步落實這種價值觀，Sweetwater的每一位新員工都必須先在Sweetwater大學接受為期十三週的職前訓練，受訓完才能與顧客互動。訓練重點是擺在如何對新手表達同理心並給予肯定。Sweetwater的銷售工程師布蘭特・米勒（Brandt Miller）分享道：

我們初次與新客戶說話時，都不會提到跟設備有關的事。雖然客戶過來可能是想買吉他、擴音器或爵士鼓，但在我們開始聊這些設備之前，會希望他們先把故事情節快轉到結尾處。他們的夢想是什麼？他們想像那時的自己是在做什麼？有時候，我們其實也只是協助客戶買到最合適的設備，或是避免他們超出預算。但對初學者來說，他們通常需要的是一個願意真誠支持他們理想的人，並鼓勵他們一定做得到，讚美他們願意為學習之旅邁出第一步。

也就是說，Sweetwater會鼓勵初學者。從他們獲得肯定的那一刻開始，心中最大的疑慮也就消除了。新手不再覺得自己只是個冒牌貨，而是開始感覺自己像是即將嶄露頭角的音樂家——這就是他們找上Sweetwater的用處。

由於Sweetwater特別注重對初學者的同理，他們每年的成長當中有三十％可以歸功於新客戶。在這三十％裡面，又有大約一半來自於購買自己第一個樂器的新手。這些人並不會出現在樂器市場的產業報告和數據庫調查中，因為在他們走進Sweetwater之前，他們從來不覺得自己算是「音樂家」。Sweetwater Sound消除顧客體驗中的威脅感之後，「潛在」的音樂家便開始活躍起來，因而擴展了市場。

如何找出表象底下的情緒？

發現情感阻力的第一步，就是著手搜尋。我們的思維模式是以吸引力為導向，這意味著心理摩擦力並不符合人類內建的心智模型（就像肺部掃描影像上的大猩猩一樣）。如果想看出阻礙新構想的心理摩擦力，就必須開始多加留意。

可惜的是，情感阻力很難發現，因為多數人都比較善於隱藏負面情緒，特別是接觸新構想或與新認識的人互動的時候。一般人很少會用清晰、自我覺察的語言來表達自己真實的擔憂和顧慮，例如「這個想法有點冒犯到我」，或者「用這個新產品會讓我有點焦慮」，又或是「我們公司的新人讓我有點沒安全感」。我們所能觀察到的，往往不是新構想真正引發的負面情緒，而是將其掩蓋的表徵——這些表徵可能會造成混淆，或是隱藏真正的問題。有時顧客的焦慮是用「沒興趣」來傳達，有時同事的「憤怒」是以「冷漠」來表現。如果我們只針對這些情感阻力的表徵去處理，就無法真正解決別人抗拒的原因。

我們需要一些方法來從混沌之中找出別人的情感阻力，如此才能將之轉化為創新的機會。有很多技巧都能找出情感阻力，在此我們將介紹三種必備方法，幫助你檢測出阻礙創新的情感障礙。

關注背後的「為什麼」

一九七八年，埃及和以色列兩國領導人為了化解四十年來的衝突，帶著微弱的希望，動身前往馬里蘭州大衛營（Camp David）。儘管雙方都有相當多的不滿，但核心議題其實是關於西奈半島的控制權。西奈原是埃及領土，但以色列在一九六七年的六日戰爭中取得了該地的控制權。埃及要求歸還，以色列堅不讓步，而大衛營峰會是這兩個宿敵為尋求共識所做的最後努力。美國談判人員孜孜矻矻想要找出兩國都能接受的領土劃定機制，但每次只要展示畫好的領土邊界圖，都會立刻遭到反對。埃及對西奈是寸土不讓，他們認為自法老時代以來，他們就擁有這塊土地的主權；但是歸還土地對以色列而言也是同樣不能接受。兩國僵持不下，眼看進一步的衝突已然不可避免。

就在這時，談判團隊改變了策略，不再關注他們想要**什麼**，而是他們想要的**原因**。以色列的動機在於國家安全，假如把土地歸還給埃及，埃及軍隊就會駐紮在邊境，讓以色列的防線變得非常脆弱。埃及的動機卻截然不同，他們是想恢復文化的自豪感與身分認同。因為幾個世紀以來，西奈半島一直遭到外國入侵者所占領，從羅馬帝國到大英帝國，西奈都不在埃及的控制範圍內，直到六日戰爭前才回到埃及手上，因此絕不容許再度失去。

在大衛營峰會之前，談判都是集中在解決實務層面的爭端（土地面積、國境邊界），直到對話內容從領土劃分的議題轉為雙方想要這塊土地的潛在原因，才終於出現解方：土地可以歸還埃及，但埃及必須同意將這塊領土去軍事化。這個方案消除了先前一直阻撓進展的情感阻力。

在談判中，調解衝突的方法往往來自於超越各方的立場（他們想要什麼），轉而關注各方的需求和利益（他們想要的原因）。要求歸還領土是一種立場，要求加薪是一種立場，要求供應商降價也是一種立場。至於你會想要這塊新領土、更高的薪水或是砍價的原因，才是激勵你去爭取的背後動機。

你可以把創新視為創新者與受眾之間的談判。如果受眾對新構想有所抗拒，甚或直接拒絕，他們會透過說「不」來表明立場，但是我們沒有辦法光從「不」這樣的回答看出他們為什麼拒絕改變。想找出抗拒的真正原因，就必須去理解背後的理由，這對診斷出情感阻力至關重要。回想一下第二章介紹的軍隊招募案例：想要入伍的人，最後卻沒有報名。若想解決其中的心理摩擦力，唯有理解阻礙他們的緣由（害怕很難跟媽媽交代）。

想像你是一名業者，正在推廣一種可以協助公司管理社群媒體動態的新軟體。某次銷售簡報過後，一位潛在客戶對你說：「這個軟體確實滿令人印象深刻的，也看得出來真的可以讓工作簡便很多，但你也知道……這價格對我們而言實在太貴了。」

這時你很有可能會從字面上理解這些回饋，並與客戶就預算、價值、付費方案和投資報酬率進行吸引力導向的對話，希望能為客戶的反面意見提供解決之道。但事實上，問題通常跟成本無關，他們會以成本為理由拒絕，往往只是因為這是結束銷售對話的最快方法，以及表達整體疑慮最簡單的方式。「成本」和「費用」這類好用又簡潔的詞語，常常只是用來包裝一整串心理摩擦力的詞彙。以成本為由只是心理摩擦力的表徵，而非背後的原因。找出問題根源的關鍵在於，我們需要花時間去解開對方回答背後的「為什麼」。

這種在商業討論中深入挖掘的方法，最初是從七〇年代豐田生產系統（Toyota Production System）的一部分流行起來的。該公司想要在生產問題擴大之前先找出原因，因此實施了一種名為「五個為什麼」（five whys）的分析法。五問法的基本前提是，任何系統性的生產問題，其背後的確切原因通常都是藏在表徵底下的五個層次。為了找出問題的真正源頭（或是潛藏的心理摩擦力），工程師必須在調查過程中連問五次「為什麼」，透過這種方式把原因揭露出來。[3]

這種問法可以用來揭開四大心理摩擦力的任一根源，而且對於找出情感阻力特別好用。假設業者在銷售簡報過後遭遇反面意見，那麼為了找出抗拒新軟體的真實理由，對話可能會如下展開：

客戶：「這個軟體確實滿令人印象深刻的，也看得出來真的可以讓工作簡便很多，但你也知道……這價格實在是太貴了。」

業者：「了解。我想多聽聽你的想法，能否聊聊你對預算的期望，還有這個平台有哪些部分是你必須再三考慮的？」（第一個為什麼）

客戶：「我們本來就知道不便宜，只是不太確定現在是不是投資新平台的好時機。公司目前正在進行年末計畫，重點都在這件事情上。」

業者：「我明白了。所以說軟體本身沒問題，只是時機不對，還是說你們有其他的考量因素？」（第二個為什麼）

客戶：「有部分是時機點的問題，而且因為價格過高，必須先經過董事會的批准才能走下一步。」

業者：「要董事會支持這項採購，難度會很高嗎？聽起來你好像碰過類似的事，上次進行的狀況如何呢？」（第三個為什麼）

客戶：「還滿糟的。想通過的話，整個過程要非常有耐心，而且董事會審查交易案的方式實在出乎我意料地嚴格，讓我覺得我們好像不是同一國的。最後雖然挺過來了，但這段經歷實在讓我很挫折。」

業者：「我可以理解。你還記得上次審查最嚴的項目是哪一個嗎？有沒

有什麼特殊之處？」（第四個為什麼）

客戶：「他們好像對資料隱私權特別在意。我猜是因為董事會的其中一個成員之前在其他公司時，在這個議題上有過很差的經驗，所以現在他對軟體的任何決策都非常謹慎。」

業者：「你還記得自己是怎麼處理他們的顧慮，帶領他們跨越難關的嗎？」（第五個為什麼）

客戶：「我找了一些被董事會認可的公司寫的好評跟推薦文，讓他們冷靜下來。他們一聽說自己欣賞的同業用這個平台也用得滿順利的，態度就輕鬆多了。」

受眾對新想法持反面意見時，**真正的理由**可能比最初的回答還要深了好幾層。想要挖出來，創新者就必須用各種方式提問，才能把原因揭開。成本雖然是考量的一部分，卻不是反對的根源。對於受挫的預期心理——擔心尋求董事會支持的過程會非常艱難而冗長——這才是心理摩擦力的關鍵。

只要能辨識出核心問題，就能改變事情的走向。業者得知其中的情感阻力之後，可以將使用過這套軟體的知名機構寫的推薦文和結果數據做成簡報，讓客戶說服自家人員的過程變得更平順；或是，業者也可以委由第三方進行平台資料隱私權的審核，以此做為成交的條件。只要我們能搞清楚形成情感阻力的根源，就能著手消除，避免治標不治本。

上述的例子中，你可能已經注意到，我們為了找出真正的情感阻力而發問的時候，都不會使用「為什麼」這個詞。揭露抗拒新構想的提問，通常會有三個特點：

1. **使用開放式問句**。封閉式問句往往只會得到「是」或「否」的簡短回答。「對貴公司來說，價格很重要嗎？」如果業者這樣問，客戶就只會回「是」。這不但會強化對價格的反面意見，也無法揭露潛藏的真正原因。由於開放式問句沒辦法只用一個字來回答，因此更有利於揭露資訊。「能否聊聊你對預算的期望，還有這個平台有哪些部分是你必須再三考慮的？」像這樣問，就可以讓對方多聊一點。

2. **使用探究式問句**。人往往不太願意透露自己的恐懼和焦慮，探究式問句則讓人得以深掘這個議題。「上次進行的狀況如何呢？」這樣的問題可以巧妙地使人多說一些。探究式問句不必很複雜，在多數情況下，簡單的問句就很有效果，像是：「滿有意思的，你可以再多說一點嗎？」

3. **使用啟發式問句**。啟發式問句聚焦在新構想會在什麼情況下，與對方的需求或目標起衝突。「這個平台有哪些部分是你必須再三考慮的？」就是個極具啟發性的問題。想知道新構想有沒有哪個部分可能讓客戶備感威脅，就可以這樣問。「你還記得上次審查最嚴的項目是哪一個嗎？」透過這樣提問，我們可以了解到真正的難題其實是對資料隱私權的擔憂——我們能因此獲得有力的線索，知道未來要如何避免這種摩擦力發生。

聽其言，更要觀其行

著名的企業家及精實創業運動（Lean Startup movement）的創始人史蒂

夫・布蘭克（Steve Blank）有句名言：「在辦公室裡是找不到真相的，去外頭看看吧。」人們從外頭展現給你看的，往往比他們在會議室或電話上跟你說的還要來得有用很多。

「民族誌學者」（ethnographer）是指從使用者所處的環境（例如居家或辦公室）來研究他們的人。從「大環境」中追蹤用戶，可以幫助民族誌學者從使用者的角度來看世界，以洞察他們的實際行為，而不是從焦點團體訪談和其他傳統市場調查法來理解使用者。訪談跟調查往往都經過編輯、過濾，而且常常具有誤導性。民族誌則可以提供一個重要窗口，了解受眾沒有明說的需求和顧慮，幫助你在重大的心理摩擦力出現之前就能先行預知。

千禧世代為什麼不愛刷卡？

二〇一五年，美國運通（American Express）注意到他們的基本客群中有個令人擔憂的缺口。雖然該信用卡公司對較富裕的年長消費者來說一直是首選，但是對年輕消費者卻沒有太大的吸引力。為維護其長遠的成功地位，美國運通必須想辦法吸引下一代——開始要使用信用卡的數百萬名千禧世代。但是當數十家信用卡公司都在推廣最新、最好的紅利和優惠的情況下，美國運通要如何才能脫穎而出呢？

美國運通全球商業服務副總裁金恩恭子（Kyoko King，音譯）表示：「這就像是在削價競爭，只能不斷給客戶更多的紅利，就算最後勝出了，也無法取得真正的優勢。這就是我們所要面對的挑戰。」[4]

為了更了解年輕消費者的需求，美國運通與全球知名設計公司 IDEO 的設計團隊合作，用田野調查的方式研究千禧世代的刷卡消費習慣。該團隊的研究調查有一部分是請千禧世代聊聊他們皮夾裡裝著哪些物品，以及手機上有哪些財務管理 APP。接著，研究人員會請他們說明不同支付方式在他們的生活中分別扮演什麼角色。研究人員很快就察覺到，在年輕消費者的心目中，每一種支付方式的用途都很不一樣。

小額付費一般是用現金支付，例如買咖啡、上班時買個午餐之類的。如果消費金額超過荷包內的現金，簽帳金融卡就能派上用場，而傳統信用卡只有在大額支出時才用得上。

這個觀察結果實在令人費解。畢竟大多數信用卡的主要優勢之一，就是你所付的每一分錢都可以獲得紅利。如果你在星巴克刷卡，下次買拿鐵就能得到三%的紅利回饋，或是下次渡假時就可以使用十二點的飯店紅利點數，那為什麼還要付現呢？答案是，有情感阻力從中作梗。

刷信用卡的一大好處是消費者可以馬上購入商品和服務，日後再付費，過程中還可以獲得頗有價值的各項紅利。假如信用卡用戶本身對財務管理很有自信，這個方法就會非常有用。但這種方式也可能誘使客戶超支，有刷爆卡片的風險。

千禧世代是聽著信用卡如何毀掉人生的故事長大的。這類的故事聽多了，以至於很多這個世代的人日常消費都不敢刷信用卡。他們怕自己忘記把錢花去哪，也會擔心如果帳單沒有辦法按月全額支付，不曉得要拖多久才能付清。也就是說，信用卡會讓千禧世代感到焦慮。就像某位消費者說的：「我何必冒著負債的風險買咖啡呢？」另一位客戶提到，自己每次收到帳單都會非常恐懼，他把這種體驗稱作「帳單恐慌症」。為了緩解每個月的焦慮，他想出了一套補救方法：在每個月收到帳單之前，主動完成多筆小額支付，讓自己的收支差額可以稍微縮減。本質上來說，他等於是找到了「破解」刷卡焦慮的方法。這種自己想出來的權宜之計，會讓他覺得主控權是在自己手上，而不是受信用卡公司挾制。

基於這樣的洞察，美國運通團隊想出了一個大好主意。與其再多弄一張附帶一堆紅利及點數的信用卡來吸引年輕族群，何不一開始就提供一張可以減輕焦慮的卡片呢？與其製造更多的情感阻力，不如直接消除它。藉由民族誌研究，團隊汲取了一些客戶想出的辦法當作靈感（比如前述那套很聰明的小額支付應變做法），幫美國運通打造出信用卡的全新功能，名為「分期付款計畫」（**Pay It, Plan It**）。

這項支付計畫讓美國運通的用戶在每次購物的時候，都可以自行決定要在每月收到帳單時全額繳清，還是過一陣子再付清。例如，在星巴克買杯咖啡或去服飾店買新襯衫時，客戶可能會選擇直接支付就好——就像他們用現金或金融卡消費那樣。但另一方面，如果碰上家裡的狗受傷，急須支付獸醫費用，用戶可能就會選擇分期付款計畫來支應這種意料之外的大筆支出。此時用戶可以透過美國運通的 APP 馬上試算出三期、六期、十二期及十八期的分期費用。這種可以自主決定又利率固定的分期模式，大幅降低了年輕消費者因傳統刷卡的不確定性而產生的恐懼和焦慮。

雖然這個計畫原本是為了千禧世代而生，但因為可以減少心理摩擦力，很快就被運用在所有的美國運通信用卡上。分期付款計畫自二〇一七年推出以來，已被用來支付五百萬筆分期費用，為美國運通創造了總計近四十億美元的貸款。

調整心態，精準觀察你的受眾

做民族誌研究時，正確的「心態」非常重要。在此我們提供三項建議，讓你能用正確的心態進行。

聚焦在「幫助顧客改善生活」

很多組織會把他們推動的產品、服務和觀點與「事業」搞混。一個組織的價值主張不在於它賣了什麼產品，而是這項產品能幫助顧客獲得何種生活改善（功能、社會和情感價值）。「以改善生活為導向」至關重要，由此才能辨識、消除心理摩擦力。這點非常重要的原因在於，許多扼殺創新和改變的心理摩擦力，並不是出在產品本身有問題。以海灘家居來說，很多顧客會在點擊「購買」按鈕前就消失，其實跟產品完全無關。如果以產品為導向的話，就只能想像得出源自產品的心理摩擦力。但創新者若能以改善生活為導向，就可以擴大思考的範圍，從而把創新放到更大的脈絡之中來看，這才是最強大的心理摩擦力的棲身之處。

留意偏見造成的影響

「理解別人的觀點」可說是知易行難，若想成功做到，方法之一就是把偏見跟信念這些可能混淆你對觀察結果所做的詮釋，全都好好檢視一番。偏見可能來自於你團隊成員的年齡層、社會經濟背景或政治觀點，總之，如果你想要影響某些人，你就必須解讀他們的信念和行為，而任何你懷疑有可能左右你解讀的因素，都應該三不五時拿出來檢討一下，問問自己：「有沒有哪一種因素可能讓我們無法公正看待我們所得知的資訊？如果有的話，我們該如何調整做法？」

別讓批判殺死同理心

進行民族誌研究時，你可能偶爾會注意到人們對某些事物出現的情緒反應，讓你覺得很不合理。我們往往不太想理會那些不符合我們期望的人，我們可能會說這樣的話：「真不敢相信他居然會這樣反應！他根本搞不清楚嘛。」「他為了這麼一點小細節擔心半天真是太可笑了，難道不能把眼光放遠一點、向前看嗎？」這些都算是人類的自然反應，只不過當你對那些你想影響的人做出結論，認定他們很不理性、很「白痴」，從這一刻開始你就迷失方向了。一旦否定了他人的感受，你的同理心也就跟著死去了。你應該做的是盡量站在他們的角度設想，因為這是他們的親身經歷，我們必須竭盡所能去理解。

讓「外界」參與創新

全球知名的設計顧問公司IDEO以開發工業及消費性產品起步，比如第一個蘋果滑鼠就是他們設計的。IDEO成立四十年來，不只將設計思考（design thinking）實踐在開發產品上，還廣泛應用於教育、政府、醫療等多個領域。

一般認為工業設計是年輕人的專長，許多公司的設計師多半是二、三十歲的年輕人。年輕自有其優勢，從新鮮人的角度揪出一些老問題，可說是改變現狀的寶貴資產。但這同時也會帶來挑戰，因為設計師必須為那些與他們大不相同的使用者打造產品與服務。

這種同理心的缺口，在與銀髮族相關的計畫上尤為嚴重。就算年輕設計師用心良苦，盡了最大的努力，還是很難預料年長使用者可能遭遇的各種心理摩擦力，因為他們自己並沒有親身經歷過。他們在設計產品的功能面（譬如螢幕、按鈕及產品特色等）會遇到很大的挑戰，但這還不是最難的，更難的部分是要預期使用者可能面臨的情感阻力。

二〇一三年，IDEO的創辦人大衛・凱利（David Kelley）在熱門的CBS電視節目《六十分鐘》中，談到了設計思考（design thinking）的演變，他分享了一些引領創意發明的關鍵要素。凱利提到的一個原則是讓多元化的團隊參與計畫的重要性。芭芭拉・貝斯金（Barbara Beskind）當時正在收看這個節目，他是住在舊金山灣區（Bay Area）的一位退休設計師，而IDEO最大的辦公室也位於此地。《六十分鐘》提供了設計思考的概述，以設計為工具去解決問題，並強調「以人為本」來開發新產品和服務的重要性。他看到這段節目，突然興起一股想去IDEO工作的念頭。他還記得當下的想法是：「哦，這聽起來還滿適合我的。」

芭芭拉決定寫信給IDEO，表達想要加入該公司的意願。IDEO團隊馬上看出像芭芭拉這樣的人所擁有的技能、經驗和視角，對於銀髮族相關的計畫會非常寶貴。就這樣，IDEO的新銳設計師以老當益壯的九十歲高齡上任了。

芭芭拉的出現，為負責高齡計畫的團隊提供了很多有用的洞見，像是產品要如何設計才最符合長者的需求。他也幫團隊看出容易被年輕設計師忽略的功能性問題，比如按鍵大小和使用者介面等細節，對於手部有關節炎或視力昏花的長輩可能難以使用。更有價值的是，芭芭拉能幫助團隊預料到年輕設計師無法預見的情感阻力。

某次的案例特別切中要害：美國有家經營著數個老年社區的公司找上了IDEO。該公司想要更新他們的行銷策略，以便更貼近長者的需求。他們提出的構想之一，就是請新住戶預繳近三千美元的前期活動費用——大概是因為，如果參加一個活動就要收一次費用，有些長輩可能會嫌麻煩。

當團隊向芭芭拉介紹這種商業模式的特色，尋求他的建議時，他很快就指出了這個吸引力導向的定價策略的根本問題：

這樣做還滿令人不快的，而且也很侮辱人。這家公司不太了解的是，當一名長者只能被迫搬到有輔助設施的機構的那一刻，他們人生中所面臨的一切就只是一而再、再而三的「失落」。房子沒了、配偶沒了、車子沒了。沒有行動能力，吃也吃不好，聽力跟視力很可能也都退化了。這家公司不明白的是，一個固定收入的人，每隔一段時間就會失去一些人事物，不斷經歷情緒上的失落，此時卻還要為了參與社群活動預繳一大筆三千美元的費用，表示這家公司對於長者的經歷一點敏感度也沒有。最好是每月只要增加三十美元的設施費就好，別搞得好像要付很多錢。在人生的此刻還要讓他們遭受這麼大的「失落」（以財務支出的形式），感覺真的是糟透了。

如果不是芭芭拉為此發聲，這種情感阻力的根源可能根本無從預料——至少在難看的銷售數據替公司敲響警鐘以前會是如此。這樣的洞見往往無法從調查數據或市場研究報告中獲得，就算花一整天追蹤年長的潛在用戶，可能也看不出個所以然來。只有深刻地親身經歷過的人，才會有這種洞察。這就是為什麼激發同理心的最佳方法之一，就是讓我們想要服務的對象直接參與創新的過程。誠如芭芭拉．貝斯金所言，如果想要為年長者設計出沒有心理摩擦力的產品和服務，「讓我們**參與設計**，遠比**為我們設計**來得好多了。」

把受眾帶入創新的過程，我們稱為「讓外界參與創新」。這麼做的目標是要在設計時，讓你想服務的對象插一腳。如果想讓新提案的情感阻力最小化，讓客戶參與你的團隊就能帶來終極的競爭優勢。

僱用糖尿病患者的醫療保健公司

Livongo是美國最具影響力的醫療保健公司之一，它不僅對消費者的生活產生了深遠的影響，也成功開啟了數位醫療的新時代。成立於二〇一四年的

Livongo，生產了一種可以自動追蹤血糖並提供報告的血糖機。這項突破性技術讓使用者更易於監測、管控自身的健康。Livongo的血糖機也可以當作通訊設備，二十四小時都能聯繫有執照的糖尿病衛教師（Certified Diabetes Educator，CDE），讓會員得以諮詢日常生活中可能遇到的糖尿病相關問題。若遇上不良反應，衛教師也會教他們如何應對。Livongo的設備能暗中監測會員的健康，透過掃描血糖值，看看有沒有任何需要衛教師主動關懷的警訊，以防血糖過高或過低的狀況失控。血糖沒有即時調控的話，風險很高，短時間內就有可能致命。

糖尿病、高血壓和心臟病等慢性疾病，不僅是「功能上」的醫療問題，對人的情感也會帶來挑戰。對於病患來說，管控病情和症狀就是持續性焦慮的來源。Livongo很能理解這樣的情感挑戰，因為公司近一半的員工都患有糖尿病之類的慢性疾病。聘僱親身經歷過的人讓Livongo能更深入地體察顧客的需求和顧慮，與會員的互動也遠比其他慢性疾病監控服務更有同理心。正如Livongo的創辦人、董事長暨執行長格倫·圖曼（Glen Tulman）與我們分享的：「我們得知這些處境的方式是其他人學不來的。」

糖尿病患者最大的情感挑戰之一，就是應付他人的評價。Livongo的總裁珍妮佛·施耐德博士（Dr. Jennifer Schneider）既是醫師，也是第一型糖尿病的患者。他解釋說，糖尿病很容易引來諸多對此病症不理解的批評和指責。對於第二型或遲發型糖尿病患者而言，他表示：「一般大眾的觀點是，這些人會得病是自找的，因為他們選擇不健康的飲食、缺乏運動或是體重過重。這些有糖尿病的人總是害怕被其他人怪罪，因而阻礙了他們坦然面對問題、取得進展。」

格倫·圖曼告訴我們，一般的糖尿病服務機構在接到需要高血糖相關協助的用戶來電時，他們問的第一個問題往往是：「這樣喔，您有吃了什麼嗎？」圖曼說道：「這個問題雖然很實際，但聽在得了糖尿病的人耳裡，這話就像是在責怪他們，好像這是他們的錯，是他們自己選擇陷入這種境地的。但事實上，人體有時候就是會搞怪，會莫名其妙地出毛病。所以這種聽來像在責怪的話語，會讓本來已經很糟的情況變得更糟。」

為了抵銷這種心理摩擦力，Livongo把所有的互動，從文字訊息到使用者介面，再到電話溝通，全都設計成沒有任何責怪的意味。他們把互動焦點擺在解決眼前的問題，而不是歸咎責任。Livongo的指導員不會問會員說：「您吃了什麼？」他們只會問：「您有需要什麼嗎？」正如圖曼所述：「這能讓會員清楚知道，在這段關係中，我們是在為你服務。當他們在這個特殊時刻遭遇到困難，我們不會去責怪他們，而是會給他們力量。」

Livongo對服務對象的深刻理解也體現在其他重要層面。「有些醫療照護組織初次得知會員被診斷為糖尿病的時候，會打電話過去說：『聽到您被診斷出糖尿病，我們覺得非常遺憾。這種疾病有可能變得極為嚴重，會導致失明，甚至截肢。我們只想讓您知道，我們會陪您一起度過。』」圖曼跟我們說：「這跟人們在那一刻想聽到的話正好相反……他們雖然想用同理心來服務客戶，卻沒有真正貼近現實地去理解人們在那當下需要的是什麼。」換句話說，這就叫做**同理心劇場**（empathy theater）。同理心劇場是一種為了緩解某人的擔憂而刻意營造的同情表象。任何曾經為了有線電視收視問題打過客服電話的人，都會清楚知道同理心劇場聽起來是什麼樣子。

Livongo從來不用「幫助」、「糖尿病患」或「病人」這樣的語詞，因為這些用語會讓人覺得無助、有病，或是被自己的病情定義。就像圖曼說的：「你不會把抗癌的人稱作『癌症』，那又為什麼要用病名來稱呼管控糖尿病的人呢？用字遣詞真的很重要。」Livongo不會用「糖尿病患」（diabetic）一詞，而是用「有糖尿病的人」（people with diabetes）這樣的用語。這些區別在外人眼裡或許微不足道，但對罹患慢性疾病的人來說卻至關重要。

這些微小但強大的洞見來自於Livongo團隊中親身經歷過的人。「我們曾經跟人事主管開玩笑說，我們對員工健康的支出異常地高，因為很多有糖尿病的人會被我們僱用，或是前來應徵。」施耐德博士說道：「這其實是一件非常棒的事情，因為到頭來，我們還是得深入理解那些經歷是什麼，才能除掉妨礙前進的障礙。」

我們問施耐德博士，就創造新構想而言，「僱用客戶」的公司與「員工沒有親身經驗」的公司，兩者之間最大的區別是什麼，他給了一個非常有趣的答案：「產品創造者可能會因為太過專注於打造某樣事物，反而忽略了目標受眾的需求和焦慮。一旦有了這樣的想法，傾聽就停止了。相對地，當解決問題的對象被納入團隊成員時，傾聽便永不停歇。」如此一來，就能時時監控情感阻力，一有問題便能即刻解決。

著重在僱用客戶的做法看來是奏效了。Livongo從草創發展到在那斯達克（NASDAQ）上市，交易的第一天市值就達到四十億美元。二〇二〇年，該公司與遠距醫療廠商Teladoc合併，併購後的市值來到了一百八十五億美元。儘管有這樣的巨幅成長，Livongo仍持續在找尋創新方法，藉以消除阻礙慢性病患者活得更好、更健康的心理摩擦力。

克服情感阻力的三大處方

在此我們要來介紹三種「最有效的處方」，這些方法很常被用來減輕使用者的焦慮，但是要用哪種處方來緩解情感阻力，仍取決於潛藏背後的原因。

提供免費試用

為了減少初次使用的情感阻力，長久以來的慣用做法就是提供**免費試用**。試用的形式有很多種，不過最常見的是在購買契約成立前提供試用期，比如訂閱串流服務前可享三十天免費試用。「免費增值」（freemium）的模式又是另一個例子，使用者可以先從商品或服務的免費「基本版」開始使用，等他們對商品價值予以肯定之後，再升級至功能更豐富的付費版本。

給予反悔的機會

情感阻力往往出於害怕做出錯誤的選擇，一旦我們擔心該決定會是永久有效的，焦慮感就會加劇。若要減輕這種不安，就要讓人可以輕鬆翻盤——使用者可以在重新考慮過後，快速撤銷原本的決定。這種做法的常見案例是「無條件退貨」（“no hassle” return policies）、退款保證，以及「可隨時取消」

的契約。

附加相關服務

即便你的創新恰好就是某一項產品，但若是能在其中加入「服務」的元素，便可大幅減輕新客戶的購買焦慮。這正是海灘家居採取的方法，讓客戶在購買新沙發的同時，幫他們把現有的舊沙發搬走。蘋果公司也採用了這種方法，例如在所有的蘋果專賣店設立提供維修和技術支援的Genius Bars，或是跟百思買（Best Buy）*的副品牌Geek Squad合作。之所以會推出這兩種服務，都是為了給顧客安心及信任的感受，讓他們相信在購買新機之後，一旦出現任何問題，都能有專人提供協助。

* 譯註：百思買原是美國最大的3C家電連鎖店，為因應亞馬遜的市場競爭造成的實體店倒閉潮，該公司收購了Geek Squad，推出家中顧問服務，由受過訓練的技術人員到府裝機、解決各種疑難雜症。

重點回顧

克服情感阻力

情感阻力是無意間引發的負面情緒，會抑制新的構想和創新。就算是潛力無窮的新構想，一樣有可能在無意間帶來情感阻力，嚴重影響人們的接受度。想知道你的下一個新構想會面臨多大的情感阻力，可以先自問下面這兩個問題。

1. **對於你提議的改變，受眾會感受到多大程度的威脅或焦慮？**
   對新構想愈是焦慮、恐懼，情感阻力就愈強。
2. **這個創新是否有可能危及人們更廣泛的其他需求？**
   以蛋糕預拌粉為例，雖然它能帶來功能價值，卻會在無意間危及重要的情感和社會需求。

為了消除情感阻力，我們必須先找出它的源頭，這有可能相當棘手，因為多數人都傾向把負面情緒的根源隱藏起來。然而，一旦你能找出來，就可以緩解這些情感阻力，創新也就得以推展下去。本章探討了三種可以偵測情感阻力的方法：聚焦在原因上、當個民族誌學者，以及讓外界參與創新。下列的這些問題可以幫助你覺察、診斷並消除情感阻力，避免你最具潛力的創新遭受阻礙。

關注背後的「為什麼」

1. **別人為何要「僱用」你的創新？你的新構想能創造哪些功能、社會和情感價值？**

重點是要記得，我們所做的每一項決定都包含三個面向的價值。只要能看到創新所能滿足的需求面向，就能幫助自己找出不利於創新的負面情緒。

2. **你關注的是情感阻力的表徵，還是有去處理它的根源？**

請把創新視為創新者與受眾之間的談判。如果受眾對新構想有所抗拒，甚或直接拒絕，他們會透過說「不」來表明自己的立場。但我們無法光從「不」這樣的回答看出他們拒絕改變的根源。想找出抗拒的真正原因，就必須去理解其背後的理由。運用「五個為什麼」的問法，可以揭露人們抗拒改變的真正原因。

3. 你究竟是在做什麼樣的事業？

很多組織會把他們推動的產品、服務和觀點與「事業」混為一談。雖然五金行的確是販售五金用品，顧問公司也確實是在做諮詢服務，但是在顧客的心中，這些商品、服務都只是達成某個更大的目標的手段。「以改善生活為導向」對於辨識出情感阻力至關重要，如此才能把創新放到更大的脈絡之中看待，而這就是最強大的心理摩擦力的棲身之處。

聽其言，更要觀其行

1. 你要如何透過觀察別人的行為，來豐富自己對情感阻力的理解？

人很容易說一套做一套，這樣的言行不一會讓我們很難單靠對話找出情感抗拒的真實原因。從「大環境」中追蹤用戶，可以讓你深入理解受眾沒有明說的需求和顧慮，從而獲得必要的洞見，幫助你在心理摩擦力出現之前先行預知。

2. **你有多了解受眾的背景脈絡？**

行為不會憑空出現，它是從豐富的社會、情感和物質脈絡中產生的。從人們所處的生活環境去觀察，可以讓你深入洞察他們的需求，了解他們為了滿足需求會願意（或不願意）拿什麼來交換。

3. **你的受眾曾為自己想出了什麼解決方法？**

就如我們在「分期付款計畫」一文中看到的，人往往會為了解決自己的情感阻力，創造出一些權宜之計。你可以透過民族誌手法看到這些變通方式，一旦你成功看出，這些應變措施就會成為非常棒的起點，讓你可以設計更到位、更沒有摩擦力的方案，以符合受眾的需求。

讓外界參與創新

1. **你是否曾經提供機會，讓受眾參與創新的過程？**

讓服務的對象積極參與創新的過程，可以使你更加了解他們在面對你所尋求的改變時，可能會出現什麼樣的顧慮及擔憂。

2. **你能僱用客戶嗎？**

為了確保你的組織能在不斷創新的同時保有同理心，你可以考慮讓你的服務對象成為團隊中的永久成員。

9

心理摩擦力④

反彈

為何人們總是抗拒改變

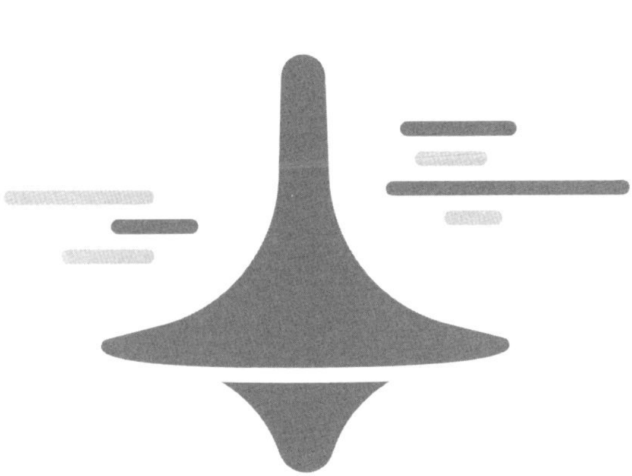

人類對改變的非理性抗拒，在繫安全帶這件事上一覽無遺。今日的美國和世界上大部分國家，絕大多數人都支持繫安全帶。在美國，繫好安全帶可以讓車禍死亡率降低近五十%，每年可以挽救大約三萬條人命。這種輕而易舉的預防措施，對個人和公眾安全的好處毋庸置疑。

然而在一九八〇年代，繫安全帶的推廣卻在美國境內掀起了戰爭。戰爭始於一九八四年，當時紐約州成為國內第一個強制繫安全帶的州，其他州也緊隨在後，原本立意良善的政策卻引發了民眾的怒火。為了抵制，有人把車內的安全帶割斷，還有人對新政策提起法律訴訟。麻薩諸塞州有個名為「反安全帶運動」的組織，連署簽名還達到公投門檻。直到一九八六年，只有十七%的美國人有繫安全帶的習慣，多數人還是反對法律的安全帶強制規定。大眾對安全帶法令的反對又持續了十年。事後看來，繫安全帶的漫漫長路可說是悲劇一場，對改變的抵抗竟是以成千上萬人的性命做為代價。[1]

時間快轉到二〇二〇年，同樣的故事仍不斷上演，這次的爭論焦點變成口罩令。跟繫安全帶一樣，對於減少新冠肺炎這種公共危害的傳播，戴口罩是既簡單又有效的方法。儘管如此，多數人還是不肯佩戴口罩。大眾對於這些安全措施的抵抗，實在令人百思不解。明明可以用極低的代價來減少病毒傳播，但多數國家的公眾和政界，卻都還是強烈反對強制佩戴口罩。

大眾對常識性安全措施的反對，揭露了一種深層（有時夾帶著災難性）的人性傾向。人不喜歡被迫改變、不喜歡屈從要求，但這對創新者來說是很大的阻礙，因為創新必然會改變人們的行為，這意味著創新者的目標是與人性相悖的。一旦有人感覺自己被迫改變，就會自然產生抗拒的反應，我們把這種傾向稱作**反彈**。反彈會讓我們把新構想視為入侵者，而不是機運，所以我們會收起吊橋，守好城門。假如慣性是對改變的抗拒，那麼反彈就是對被迫改變的抗拒。

被剝奪自主權的老鼠怎麼了？

為了理解人類為何會有這樣的反應，我們可以回到一九七一年。當時有位名叫傑伊．韋斯（Jay Weiss）的心理學家，設計了一個巧妙的實驗，此實驗讓他在幾年之後獲得了麥克阿瑟天才獎（MacArthur genius grant）。[2] 韋斯博士的研究主題是動物如何應付壓力，以及影響動物能否承受壓力的環境因素為何。

想像有三隻實驗大鼠，分住在不同的籠子裡。大鼠A過著你所能想像最普通的實驗鼠生活——住在一個附飲水器的小金屬籠裡，按表餵食。大鼠B的居住條件相同，只有一項重要差異：金屬籠的地板是一層電網，每隔一段時間就會通電，產生令大鼠疼痛卻不致命的電擊。籠子頂部有根小小的控制桿，大鼠本能地想要搆上那根控制桿，好讓身子離開那片會造成痛楚的地板。碰到控制桿的瞬間，電流就停止了。大鼠試了一兩回，就知道通電的時候只要推一下桿子就可以了。大鼠C的地板一樣會通電，卻沒有裝控制桿。所以哪一隻大鼠能決定何時停止通電？答案是大鼠B。兩隻大鼠（B與C）

會在同一時間被電擊，但只要大鼠B碰到控制桿，電擊就會同時停止。值得注意的是，兩隻大鼠所受的疼痛度是相同的，那關鍵的差異是什麼呢？就是其中一隻能讓電流停止，另一隻卻無能為力。這就好比你在工作上迫切需要升職，但績效評估卻不是根據你的表現，而是你的鄰座同事。

後來韋斯博士觀察了每隻大鼠的健康狀況，這可以透過檢測牠們是否患有潰瘍來判斷。壓力大的大鼠會得很多潰瘍，快樂的大鼠則否。你猜得沒錯，大鼠A一切安好，可能有點無聊，但沒什麼壓力。測試主要是看大鼠B跟C的結果。實驗發現，大鼠B跟大鼠A狀況差不多，只是稍微有點潰瘍，但並不嚴重。大鼠可不是嬌嫩的花朵，應付一點逆境還是可以的，電擊雖然很痛，但還算可以承受。大鼠C就是另一回事了，牠的潰瘍是大鼠B的兩倍多。也就是說，雖然受的疼痛度相同，但在環境中沒有自主權的大鼠，疼痛造成的創傷會比較大。

這項發現確實可以讓我們理解人類為何會產生反彈心理。人就跟大鼠一樣，對環境會有基本的自主需求。自由是人類的基本需求，因為它對生存至關重要。自由可以讓我們做出更有利、更合適的選擇，避開對我們有害的選擇跟結果。人對自由的渴望是如此根深蒂固，以至於會寧可沒有任何物質上的好處，也寧可要有選擇權。在一項實驗中，受試者必須從兩個選項中做選擇，其中一個選項會引導他們可以再做出第二個選擇，另一個則否。受試者本能上就是會偏好可以做第二個選擇，即使多做一個選擇根本沒有任何實質上的好處，還得多費功夫。[3]

問題是，當我們想要影響別人時，實際上就是在剝奪對方的自由，強迫他們必須走上受限的路線。一旦對方感覺到自己的自由受到威脅，本能上就會透過反擊以重獲自由。

反彈是根植於人想要保護自主權的渴望，這樣的洞察非常重要：這代表著我們愈感覺自由被剝奪，就會愈覺得有必要做出反擊。例如：某間大學為了減少男廁內的塗鴉，做了兩張告示來實驗。其中一張告示寫著「嚴禁塗鴉」，另一張寫著「請勿塗鴉」。數周後，他們查看結果，發現兩張告示都造成了反效果——告示後的塗鴉比之前還多（有人覺得不雅文字也變多了），但是貼了措辭更強硬的「嚴禁塗鴉」的那幾間廁所，被塗得最嚴重。阻力愈強，反作用力就愈大。[4]

最強力的佐證，效果最差

說到這，創新者應該都已明白，新觀點容易引來下意識的疑慮和反對。當新構想遭到反抗時，創新者往往急著增添吸引力，用更多證據和過度的吹捧，使新構想更引人關注，從而克服阻力。但創新者很少考慮到的風險是：假如我們創新的企圖會激起反彈，人們對創新本身的反抗就會加劇，這正是反彈心理之所以如此危險的原因。舉例來說：假設你相信氣候變遷是人類面臨的最大挑戰，但坐你對面的人卻認為這只是一場騙局。那麼就算你有再多的證據，也無法改變他的信念。即便是你認為無可辯駁的事實，他的頭腦仍會毫不費力地否定或將之扭曲。一味想改變對方的想法，只會讓對方更抗拒改變。

若想了解提供證據多麼容易適得其反，可以看看最近的一場實驗。[5]該實驗請來了兩百名贊成死刑的人，其中半數拿到了一份支持其論點的文章，結論是死刑很有效，因為能減少犯罪。另一半的人讀了一篇與死刑觀點相衝突的文章，結論是死刑無法有效遏止犯罪。讀完文章之後，實驗者便對兩組人對死刑的觀點重新評估。

研究人員想知道：實驗結束時，哪一組人會對死刑表現出最強力的支持。答案似乎很明顯——在理智的世界裡，看到贊成死刑的資料，對死刑的支持應該會加強，而反對死刑的資料也應該能緩和他們的觀點。但事實並非如此。閱讀有關死刑好處的文章，確實有略微強化原本的觀點，但是讀到與之衝突的內容，卻沒有動搖人們的立場。看到死刑無法遏止犯罪的證據之後，反而莫名地強化了該組人對死刑的支持，對自己的信念更加緊抓不放。這就是典型的反彈。**當人們感覺到自己被迫改變時，本能上就是會封閉自己的思想、捍衛個人的信仰。**

面對與自己看待世界的方式相衝突的證據時，人往往會反對這些證據，而不是質疑自己的信念。那如果證據是無法否認的呢？人為了保護自己的信仰體系，會做到什麼樣的程度？為了找出答案，一位名叫利昂·費斯廷格（Leon Festinger）的心理學家，決定混入邪教組織。

那是在一九五三年，有個叫「追尋者」（the Seekers）的邪教團體，預言即將會有一場毀滅人類文明的大洪災，還因此登上頭條新聞。此預言出自教主桃樂絲·馬丁（Dorothy Martin），他宣稱能跟號角行星（Planet Clarion）的高等物種交流。這些外星人警告他洪水即將來臨，並承諾會在洪水到來前，用飛碟營救追尋者的教徒。預言中有個細節格外引起費斯廷格注意：他們給的時間非常具體！教團明白指出洪水發生的確切日期和時間：一切都將在一九五六年十二月二十一日午夜結束。

費斯廷格想知道的是：當預言失敗時（八成是會），教徒會作何反應？當面對無可否認的證據時，他們會放棄信仰？背叛教主？還是大笑一場呢？他混入那個邪教團體，想找出答案。以下是事件的時間軸，摘自費斯廷格在他的書《當預言失敗》（*When Prophecy Fails*）中對這段經歷的記述：

- 十二月二十日下午六點（離營救還有六小時）。桃樂絲收到號角星人的訊息，指示他要開始做最後的準備工作，並通知教徒太空旅行時不能攜帶任何金屬物，因此他們開始動手把衣服上所有的拉鍊跟金屬部件拆掉。教徒對胸罩肩帶和鞋跟裡是否含有金屬物進行了一番爭論，最後為了安全起見，決定把鞋子跟胸罩都留下。
- 十二月二十一日午夜十二點（教徒升天的時刻到了）。教徒安靜地坐著，等候敲門聲。
- 十二月二十一日午夜十二點〇五分。沒人敲門。有人注意到房間裡的另一個時鐘顯示十一點五十五分。他們鬆了一口氣，彼此都同意午夜還沒到。
- 午夜十二點十分。第二個鐘的午夜鐘聲響起，還是沒人敲門。教徒們目瞪口呆地坐著，鴉雀無聲。

- 凌晨四點。教徒們繼續安靜坐著，表情錯愕。雖然有幾次想要試著找藉口，卻徒勞無功。桃樂絲開始哭了起來。
- 凌晨四點四十五分。桃樂絲又收到了一則訊息，內容是說：「這個小小的教團，整夜坐在那兒，散發了這麼多的光芒，以至於神決定要拯救世界，不讓地球毀滅。」地球之神決定要讓地球免於毀滅，把大洪災取消了。
- 十二月二十一日下午。教徒把記者找來了，他們想要受訪。教團開始進行一項緊急行動，想要通知大眾「追尋者」拯救世界了。

追尋者非但沒有承認錯誤、改變信仰，他們還找到了新證據。就像死刑實驗一樣，給追尋者一個與他們的信念相衝突的觀點，並沒有辦法說服他們改變信仰，或是讓他們承認自己有誤，反而還增強了他們的信念。

雖然邪教團體很容易成為攻擊目標，但事實上，他們的反應跟一般人一樣正常。堅定的信念一旦形成，便牢不可破，反彈會讓我們對新構想和新訊息視而不見。然而對創新者來說，這可不是鬧著玩的。我們在第二章探討過吸引力的侷限，反彈突顯了它的另一個缺點。如果我們提出事實給反對我們構想的人參考呢？結果會是，吸引力不但無法改變他們的心意，往往還會適得其反。

強迫推銷的反效果

反彈對於我們該如何推廣新構想、促成改變，有著重要的意涵，比如下面這件令人料想不透的事：工商心理學家亞當・格蘭特（Adam Grant）做過一項實驗，他寫了三種不同內容的募款信，email給某間學校的校友。[6]其中一種是以利他主義為訴求：「您的捐款是改變的契機，可以讓學生、教職員及校務人員的生活有所不同。」另一種內容訴諸利己主義：「校友表示，捐款可以讓自己感覺更好。」第三種email則把上述的兩個訴求都寫進去了。但結果卻跟預期相反。利他主義和利己主義的訊息如果分開寫，兩者都會有效——捐款率雖然只有微幅上升，但還算有幫助。可是如果把訊息寫在一起，就產生了反效果。

假如使用其中一種影響他人的策略是有效的，一般認為並用的效果理應會加倍，那為什麼兩種策略並用會適得其反呢？這是因為收到這種內容的人，會察覺這樣的email是為了說服他們而設計的，他們表示這些內容看了會有壓力。換句話說，用了雙重策略的email會引發反彈。一旦這種狀況發生，他們的本能衝動和當務之急，就是拾回自己的自由，而不是捐款。

這項研究表明了反彈心理的引發，並非只因為自己的自由或選擇遭受限制，光是感覺到遭人勸說就足以產生抗拒。這就是為什麼人們一想到要走進汽車展示中心，就會有一種不安感。這並不是因為他們擔心自己腦波太弱，禁不起強力推銷，而是因為被強迫、被說服的體驗，本身就令人不快。

過去的十年裡，一些助推策略（或稱nudge*）像是**社會認同**（social

＊譯註：意指間接而不強迫的推力。

proof）、**飢餓行銷**（scarcity）和**誘餌效應**，已被廣泛應用在市場行銷上，這些策略能以極低的代價大幅轉變消費行為。但今日的消費者已然比十年前更容易察覺這些推力，而當受眾愈能意識到這些策略，就愈有可能弄巧成拙。最近有一項消費者研究：購物者會看到兩種衣飾廣告的其中一種，兩種廣告內容完全相同，只有一項差異——其中一種多加了一句：「最後三件，要買要快。」[7]我們稱這種手法叫做**虛假型飢餓行銷**（faux-scarcity），這是利用避險型吸引力來促使人們採取行動。然而看到這個訊息的人，不但更不想買，還表示對該品牌產生了負面感受。有趣的是，愈是「忠實客戶」，就愈討厭這類訊息。這種廣告之所以會造成反效果，是因為這種手法已經被消費者看穿了，人會本能地想要反擊這種明顯的操弄。

加州有一間能源公司，想要創造一種讓用戶節電的推力，因此把用戶的用電量跟平均用電量進行比較，並將報告寄給用戶。**助推心理學**（nudge psychology）可能會認為，這樣的比較可以減少用電量。雖然助推理論對自由派的消費者有用，但對保守派的消費者而言，這些內容會讓他們感覺自己受到操弄，因此反而會以增加用電量（以及每月帳單的金額）來反抗。8

引起反彈的三種情況

並不是所有的狀況都會出現反彈，人在很多時候其實會願意跟從指令，而不是起身反抗。但是以下三種情況，反彈會特別強烈。

當人們覺得核心理念受威脅時

假如你的新構想涉及感恩節餐桌上避談的議題，例如政治、宗教、社會正義，就有可能是一種核心理念。你的新構想如果是在挑戰一個人的身分認同，反彈就會很強。想想那個預言世界毀滅的邪教團體「追尋者」的例子吧！教徒得為自己的信仰付出沉重代價，失去個人的信譽、家庭和事業。一旦你為了一件事犧牲這麼多，就很難敞開心胸接受自己信錯了的可能性。

當人們覺得被迫改變時

人一旦感覺自己被迫改變，就會本能地用反抗來維護自主權。強迫有很多種形式，因為不做改變而遭到懲罰或法律上的處分，是其中的一種形式。法律處分容易引發民眾反彈——最近的一項研究發現，納稅人如果因為常見的逃稅行為（比如私人開銷報公帳）而被嚴厲懲處時，就會適得其反：民眾會更傾向於隱瞞應稅所得。

時間壓力是另一種強迫的形式。人們適應新構想，通常需要時間來思考改變可能帶來的影響。假如你缺乏耐心，只顧著要所有人馬上買單，這種心態就會讓人覺得自己的問題跟疑慮都還沒有得到解答，就要被迫做出改變。

文字的語氣也有可能是罪魁禍首。內容聽起來會很像在發號施令嗎？命令語氣會造成很強的反彈。記不記得廁所塗鴉的例子？想要「嚴禁塗鴉」，卻遭到強硬反擊。「空話命令」（empty command）是最糟糕的策略：如果你沒有強制執行的權力或能力，就不要發號施令（這就像我們試圖用這句話做到的那樣）。

最後，你的角色或環境是否有強迫的意味？也就是說，你會給人壓迫感嗎？走進汽車展示中心時，一股會被強迫推銷的感覺油然而生。這就是全球汽車銷售冠軍阿里・瑞達必須設法破除的心理摩擦力。

當人們沒有發言權時

最後一點：我們必須思考一下這個新構想是來自哪裡。一般情況下，新構想的開拓與發展都是靠創新者，而實踐改變的卻是過程中沒有發言權的顧客或職員。好像除了執行之外，就沒他們的事了。如果他們沒有參與概念的設計——沒有去探索或傾聽他們的聲音——反彈就無可避免。

這確實是個難解的問題。創新的目標是要引領人們擁抱新構想，但人們一旦感覺被強迫，本能上就是會抵制改變。究竟要如何克服這種心理摩擦力呢？答案是：把我們對影響力所知的一切都忘了吧！

10

克服反彈

讓人自我說服，樂於合作

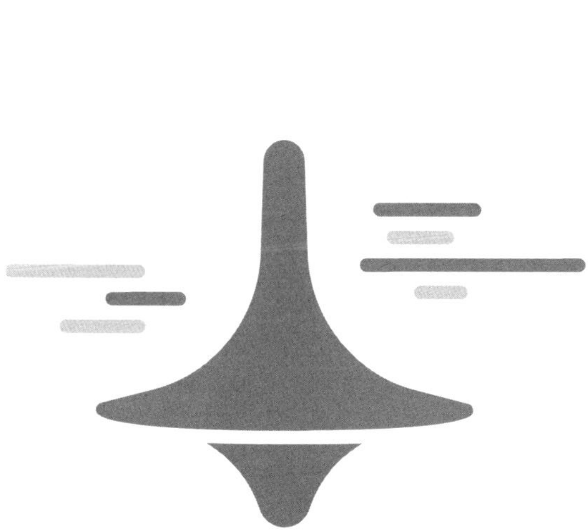

最近，我們找了一些人來看這兩個詞：「影響」和「說服」，並請他們寫下心中浮現的第一個詞。前三名的詞語分別是：「操弄」、「勸服」和「推銷」。人會本能地把「影響他人」跟「把觀點強加於人」聯想在一起，但真正有影響力的大師們，卻知道一些不為他人所知的事情。強迫很少奏效，愈是強迫，心理摩擦力就會愈大。

克服反彈的祕訣在於不要強迫他人改變。與其一味說服對方，不如幫助他們說服自己。我們把這種創造影響力及推動創新的方法，稱作**自我說服**（self-persuasion）。一旦做出改變的論點及洞見是發自內心，人就會開始自我說服。

讓人自我說服的技巧

自我說服的證據非常顯明，也很有說服力。在某個簡單的研究中，有一群吸菸者被分成兩組：分別是宣講組和聽眾組。宣講組必須對一名吸菸者大聲朗誦一篇反菸文章，聽眾組聽到的內容跟該篇文章完全一致，只不過是由另一位吸菸者唸給他們聽。記得喔，這兩組人馬接觸到的內容都一模一樣。從表面上看，內容是出自宣講組；雖然文字不是他們寫的，但傳達的人是他們。至於聽眾組得到的內容，則是由另一個人朗誦的（也就是說，內容是從別人那兒得知的）。結果顯示，大聲宣讀內容的人，比起接收同樣訊息的聽眾，更容易覺得文章的論點很有說服力，也更有戒菸的動力。單純只要改變訊息的來源，就會影響內容的說服力：出自自己或他人，結果會大不相同。

我們也可以從戒除藥癮的脈絡，看到自我說服的力量：有七十八%的美國人受到藥物和酒精成癮的影響，你周遭的親友很可能就有人正在為成癮問題奮鬥。那要怎樣說服他們接受治療呢？你可能會動之以情，希望誠摯的懇求能激起他們的罪惡感：「這麼做不只是為了你自己，你也該為了你的家人想想。」或是脅之以威，說若是不改變的話你就要跟他們絕交。又或是曉之以理，引用跟藥物濫用危害有關的數據和統計資料，分析給他們聽。但老實說，上述方法都不管用，因為它們全都有個共同問題——你是在告訴他們要怎麼做，把你的觀點強加在他們身上。你想跟他們解釋藥物濫用的風險、保持清醒的好處，但這些說穿了，他們早都知道了。這些方法非但不會奏效，還很可能適得其反，使癮君子離清醒愈來愈遠。

戒癮諮詢師偶然發現了一個更好的方法——不是解釋成癮風險，也不是製造對未來的恐懼，而是在開始會談的時候，問對方一個意想不到的問題：

請想像一個一分到十分的量表，「十分」代表你承諾這輩子都不會再碰非法藥物，絕不反悔。從今以後你會戒掉藥癮，清醒度日。「一分」代表完全相反，你想不出成癮治療有什麼好處，這輩子你都會無所畏懼、毫無顧慮也絕不反悔地繼續使用非法藥物。你覺得自己是幾分呢？

每一個成癮者，都會對自己的癮頭深感矛盾。理智上知道要改變，但是強烈的欲望又會一直扯後腿，所以他們的答案，從來都不會是「一分」或

「十分」。多數人的答案都落在「兩分」到「四分」之間。這恰恰是諮詢師想要聽到的回答，因為接下來他們就可以問一個關鍵問題：「為什麼你的答案不是一分呢？」回答「兩分」或「四分」，代表你認為成癮治療多少是有好處的。問說「為什麼不是一分」可以使成癮者講出贊同治療的理由。比起試著說服他們，諮詢者會讓他們自我說服。

這個例子可以讓我們看到自我說服的第一條規則：用問的，不要用說的。自我說服不是告訴別人該怎麼想，而是透過提問來讓對方自我探索。為了證明自我說服的力量，再來看以下兩個例子吧！

一張小卡締造十年不敗紀錄的教練

你應該聽過鮑伯．賴杜索（Bob Ladouceur）這個名字，ＥＳＰＮ將他評為「史上最偉大的預科高中美式足球教練」。他的故事實在太令人驚嘆，還被翻拍成好萊塢巨片《攻無不克》（*When the Game Stands Tall*）。

賴杜索教練帶領德拉薩高中（De la Salle）斯巴達隊，長達三十五年之久。期間他創造了二十個完美賽季，並在一九九二年至二〇〇三年間，締造了難以置信的連勝紀錄。沒錯，他的不敗紀錄維持了整整十年。不管做哪一行，技冠群雄很難，但一直保持領先又是另一回事了。要如何做才能讓十七歲的孩子組成的隊伍，可以維持獲勝的渴望，同時接受為追求卓越奮鬥不懈的理念？對賴杜索教練來說，答案有很大一部分，來自於區區一張三乘五英吋大小的索引卡。

在我們透露索引卡的祕密之前，可以先做一點觀察。賴杜索教練的理念本身，沒有什麼特別之處，他希望球隊秉持的信念，跟你在全國任何一間球隊更衣室裡聽到的都一樣——自己為自己負責、把球隊的事擺第一等等。但他與眾不同的地方是，他有辦法讓這些球員願意為了理想付出極大的努力。

通常教練都是如何激勵球員的呢？他們很可能依循我們稱作**鼓舞型領導**（inspirational leader）的原型，這類的領導者總是對勝利孜孜以求、要求很高，會用強硬的措辭和充滿感染力的熱情來達成目標。我們可以想像這樣的教練會在中場休息時間開講，讓球員比以往更相信自己辦得到。你可能也會發現，這跟我們對影響力要如何發揮的普遍認知一樣：教練就是改變的泉源，他們要把熱情跟信念灌輸給球員。

但是賴杜索教練完全不是這類型的人。也許他最有影響力和說服力的方法，就是來自那張三乘五大小的索引卡，他和學校成員都將之稱為承諾卡。使用方法如下：每週賴杜索教練都會將球員分成兩人一組，下週再換人搭配。球員必須寫下自己為打球設定的三個層面的目標：健身目標（我要如何變得更強壯？）、練習目標（我要提升哪些技巧？），以及比賽目標（我想在比賽中達成什麼目標？）。球員每週末都會互相分享承諾的事項，並且反思自己是否有履行承諾。如果沒有，他們會問自己：「為什麼沒有呢？下週要怎麼做才能更好？」

就像吸菸者為自己宣讀內容一般，球員的成功不是來自於教練的激勵，而是自我勉勵。教練並沒有告訴他們怎麼做才能進步，而是設計了一種每週例行模式，鼓勵球員自行做出追求卓越的承諾。史上最成功的高中美式足球教練激勵人心的方式，就是鼓勵球員自我激勵。球場上的結果顯示，自我說服可以讓球員把更多心思放在達成承諾上，而不是只顧著參賽。

賴杜索教練的故事證明了自我說服的力量，很鼓舞人心。但這是有條件的：打從第一天開始，教練跟球員就目標一致，球員本來就想贏得勝利，不需要靠人說服。

但是碰上跟我們意見相反的人時，自我說服還會有用嗎？還是說這只是一種增強決心的技巧？事實上，自我說服不僅可以對反對者起作用，而且往往還是唯一奏效的方法。

如何向對手陣營的選民拉票？

總部位於洛杉磯的非營利組織——領導力實驗室（The Leadership Lab），

旨在減少對LGBT族群的歧視，尤其特別關注跨性別者的權利。目前跨性別權在美國是一個非常容易引戰的議題，對於人能否取得跟出生時的生理性別不同的性別認同，美國人意見兩極。根據皮尤研究中心（Pew Research Center）*在二〇一七年所做的一項調查，反對跨性別權的人大約占了半數（五十四%）。而且就跟美國大多數的社會議題一樣，這件事存在嚴重的政治分歧。跨性別權在民主黨人中獲得壓倒性的支持，但共和黨人卻強烈反對。[1]

領導力實驗室的創始人戴夫・弗萊舍（Dave Fleischer）為了改變眾人對跨性別權的態度（最終目的是推動政策）而創立了這個組織。但是該如何改變他人根深蒂固的反對立場呢？他們創造了一種革命性的拉票方法，把登門拉票的方式進行改造，稱為**深度拉票**（deep canvassing）。

深度拉票是基於一個簡單的理念：與其告訴選民該怎麼想、怎麼投票，不如問對問題。基本的深度拉票對話次序，有以下五個步驟：

* 譯註：美國民調機構和智庫。

第一步：請選民就特定議題發表意見。

第二步：以詢問的方式探究他們的信念，了解對方為何有這些感覺。

第三步：請選民就該議題分享自己的經歷。

第四步：拉票者分享一個與選民最初的觀點有共鳴的個人故事。

第五步：再次詢問他們對這項議題的看法。

在實行過程中，深度拉票的互動是這樣的：對話開始時，拉票者先詢問選民對某個議題的看法（例如跨性別權）。當選民分享觀點時，拉票者會仔細傾聽，但不做評斷——拉票者不應透露自己的感覺，無論是聽了很高興還是覺得受傷。

接著，拉票者會詢問對方是否跟該議題有私人關聯，例如可能會問選民，家庭成員或同事裡是否有跨性別者。這時候，拉票者也會分享自己就該議題的個人經驗。最後，選民會被問及：「上一次你極需幫助，而別人也真的有對你展現出同理心時，是什麼時候？」這個問題的目的，是要讓選民感覺自己與弱勢群體是有關連的。這可以幫助選民自己認知到，他們本以為和自己非常不同的人，在人性上其實跟他們並無不同。

大家可以想一下，這跟傳統登門拉票的方式有多大的差異。通常一個激進分子在對選民說明他們為何該支持的理由時，都會盛氣凌人地講一堆道理，還會出口羞辱持不同意見的人。誠如戴夫在近期的一次訪談中所說的：「我們不會對選民據理力爭，而是會問開放性的問題，傾聽他們的說法，然後再針對他們所說的內容，繼續提出開放性的問題。我們的想法是，由選民自己得出結論，會比用統計數據打臉對方更能讓他們學到一課。」

深度拉票跟傳統拉票最大的差別，或許是在於拉票的對象。傳統登門拉票都是以死忠支持者及中間選民為對象，如果是立場不同的家戶就直接跳過。為什麼呢？因為吸引力導向的方法很容易引發意見相左者反彈。透過深度拉票，你可以把反對者找出來。整個計畫的目的，就是要讓觀點對立的人可以同情你的立場。

能夠可靠又有效地減少偏見的行為科學策略，從實驗室裡衍生出來的非常少，可以落實在現實世界中的相關研究又更少。雖然如此，深度拉票的成果還是令人印象深刻。最近有一項研究，調查佛羅里達州選民對保護跨性別者免遭歧視的法律看法如何，總共有近五百位選民受訪。研究人員發現，平均而言，深度拉票大幅減少了民眾的跨性別恐懼（transphobia）。這種轉變究竟有多大呢？民眾轉向支持跨性別權的程度，比美國人自一九九八年至二〇一二年，轉而支持同性戀權利的平均數還要大。研究人員將這些結果，與其他四十九個用傳統拉票方式改變選民意見的實驗，進行了比較。他們發現，傳統拉票的研究沒有任何一個能證明有效。

提出讓人答「是」的問題

談這些故事的用意是要讓各位了解：如果想讓別人對你的說法買單，**提出問題會比直接告訴別人要怎麼做來得好**。可惜的是，事情往往沒有那麼簡單，因為不是所有的提問都管用。例如問孩子們要不要吃青菜，或是問老闆能不能加薪。看得出問題在哪吧？如果你問孩子要不要吃青菜，他們只會說不要。這樣問怎麼可能有用？當然沒用！這就告訴我們，**問題要問對**。

要如何發問，才能讓人回答「好」而非「不要」？為了找出答案，有兩名研究人員到了某個小鎮，挨家挨戶地問人願不願意在前院放一塊寫著「小心駕駛」的大型告示牌。結果不難理解，只有二十％的受訪者願意為了推行一個良善的理念，而在前院放一塊又大又醜的告示牌。現在假設你必須把同意這項請求的人數變成兩倍，甚至是三倍，要怎樣才能把數字拉到那麼高呢？

研究人員前往另一個城鎮，想試試不同的方法。這次他們挨家挨戶地詢問是否有人願意在自家的車子或屋內，貼一張寫著「安全駕駛」的小貼紙。如你所料，大部分的人都同意這個微小許多的請求。一週之後，研究人員重返小鎮，還附帶一個後續的請求：他們想問問這些住戶，現在是否願意在院子裡擺同樣一塊醜陋的「小心駕駛」告示牌。此時竟有多達七十六％的居民同意這項請求。這是怎麼一回事呢？

創新者本能上的錯誤，是他們往往會從造成緊張或分歧之處開始。要人家在前院放一塊又大又醜的告示牌，也算是從分歧處開始，畢竟這並不是一般人平常會想做的事。提出這種要求，會被回「不要」。但如果要求少一點，大部分的人都會同意，比如為了支持善意的理念而貼張小貼紙。「你願意貼這張貼紙嗎？」從同意之處而非意見分歧處展開對話，這麼一來，你的要求就可以得到「好」的答案。

如果創新跟新構想可以從展現接納跟共通點的提問開始，會比較容易被人接受。讓人對微小的請求答「好」，例如給新產品提供回饋，或是簽一份請願書，都比較能促進自我說服，因為這會讓他們感覺自己有參與其中。等他們被託付更大的請求時，就更認同這個新構想了。

讓我們把「問對問題」的方法應用在解決餐飲業的一個重要問題上——爽約客（no-shows）。爽約客意指沒有取消餐廳預約又沒如期到場的人，這對餐廳來說是個很嚴重的問題：尤其對單價高、客群少的餐廳而言，只要有一兩桌被放鳥，就有可能造成盈虧的差異。

假設你是一個餐廳老闆，該怎樣做才能減少爽約的機率呢？或許你會想懲罰那些放鳥的人（例如加收爽約費），但這有可能會讓客群流失。羅伯特．席爾迪尼（Robert B. Cialdini）在他的經典著作《影響力》（*Influence*）一書中，提到某個餐飲集團用自我說服的方法解決此問題的故事。我們打電話預訂座位的時候（這是在一九九〇年代），餐廳都有個慣用的台詞，就是在對話結束前，服務生會禮貌性地說：「若不克前來，煩請您來電取消。」餐廳本質上就是在對你提出要求，告訴你該怎麼做。

某家餐廳把台詞稍稍做了點別出心裁的更動，他們並不是直接要求客人取消，而是問了個對方必須答「好」的問題。對話結束前，服務生會問一個問題：「若不克前來，能否請您來電取消呢？」除非你有對立反抗症（oppositional defiant disorder），不然你的回答應該會是「好」。就這樣稍稍把要求轉換成詢問，竟大幅減少了爽約機率。

在銷售中，這樣的技巧又被稱做「肯定階梯」（yes ladder），意思是問一串對方只能開口答「是」的問題。就算你面對的是競爭激烈的對手，彼此多少也會有共同點。我們有位合作過的管理顧問，就曾經給過這樣的建議：「如果你正在與意見不合的人打交道，尤其是當他們有激烈情緒時，一開始可以先問對方：『你是否願意敞開心胸聽聽不同的觀點？』」一般人面對這樣的問題，都會有強烈的內在壓力，覺得必須回「是」。根據他的經驗，只要能讓對方回「是，我願意聽聽你的意見」，就可以打破抗拒的局面，讓他們朝開放的心態邁進。

北韓為什麼能洗腦美國大兵？

假如你想知道的話，這其實也是洗腦的運作方式。「洗腦」（brain-washing）一詞是韓戰期間產生的。一九五二年，美國海軍陸戰隊上校法蘭克．史瓦布爾（Frank Schwable）被北韓軍隊俘虜，成為戰俘當中軍階最高的軍官。

一年後，史瓦布爾的公開露面，震驚了全美公眾，他坦承美軍有對北韓軍人和百姓使用生化武器（例如炭疽病和鼠疫），但這並非事實。史瓦布爾上校還只是個開端而已，不出幾個月，就有五千多名美軍戰俘簽署了對北韓人民犯下戰爭罪的虛假供詞。而最終的奇恥大辱是發生在美國撤出戰場之後，竟有二十名美國士兵拒絕遣返。

這些事情可把美國政府嚇壞了。他們擔心共產黨已經開發出新武器——思想控制。為了對抗這項威脅，中央情報局展開MKUltra計畫，他們把LSD迷幻劑和其他改變思想的藥物拿來測試，想看看洗腦是否真的可行。對美國民眾來說，遭洗腦的特務被邪惡勢力祕密監控的概念，確實是令人難以抗拒的流行文化素材，一些電影如《戰略迷魂》（*The Manchurian Candidate*）、《發條橘子》（*A Clockwork Orange*）、《神鬼認證》（*The Bourne Identity*），甚至是《名模大間諜》（*Zoolander*），都使用過類似情節。

但這究竟是如何運作的呢？美國士兵何以會搖身一變，成了宣傳傀儡？研究返國戰俘的科學家們發現，洗腦往往是從一個看似無害的問題開始的。遭監禁的美國戰俘會被人問：「你是否同意沒有一個國家是完美的？」換句話說，他們會被問一個只能答「是」的問題，因為我們的確都同意世上沒有完美的國家。一旦他們同意了這項顯著事實，接下來的問題就更關鍵了：「如果你同意沒有國家是完美的，那你肯定也認為你的國家並不完美。你們的政府有哪些地方讓你感到失望呢？」他們有一連串的步驟可以讓美國士兵自我說服，直到最終宣布放棄自己的國家，而這只是第一步。雖然酷刑可以讓人什麼話都說得出來，卻沒有辦法讓這些士兵將信念內化。要做到這一點，就必須讓他們願意發自內心做宣傳傀儡。

自我說服失效的情況

自我說服並不是在所有情況下都管用，比如時間壓力太緊迫的話，就會讓人難以參與決策過程。又或是決策來自上層，你的任務就只負責傳達訊息、確保改變能夠發生，這時候就很有可能會產生強烈的反彈。

假如自我說服的方法派不上用場，可以考慮讓決策以實驗性或小規模測試的方式進行。實驗成敗是取決於結果，若結果不符預期，可以替換或放棄該實驗。如果想把某個倡議從命令轉為實驗，可以這樣說：「我們想嘗試一個新方法，會以五週為期來進行，如果成效不彰，我們會重新評估、做一些改變。」以實驗為由的方法，可以展現出彈性，有效降低片面決策可能產生的抗拒強度。

讓員工樂於創新的妙方

寫到這邊，正好可以來聊聊哈伍德工廠（Harwood Manufactory）。該工廠專門生產女裝，由阿爾弗雷德．馬洛（Alfred Marrow）經營。他是一位年輕、有遠見的企業家，踏進商場前曾拿過心理學博士學位，他之前只有在庫爾特．勒溫（Kurt Lewin）的手下工作過。勒溫常被認為是社會心理學的奠基者，他早期的一些行為改變研究理論，至今仍頗有影響力。馬洛想要把他們在實驗室做的研究，放到現實生活中實際測試看看。四十年來，馬洛一直把哈伍德工廠當作革新管理概念的試驗場。

馬洛特別好奇的一個問題是：如何讓員工願意接受改變？而工廠正是探索這個問題的絕佳場所。工廠作業十分規律，員工通常只用自己習慣的方法做事，不願接受改變，這是眾所周知的問題。但改變勢在必行，因為工廠需要不斷精進製程，才能保持競爭力。產線的管理者該怎麼做才好呢？馬洛為了找出答案，設計了一項實驗。

工廠主管們從衣物生產的過程中，發現了一個降低成本的機會。但想掌握住這個機會，工人必須打破一些習慣，學習新的工作方式。此時他們把工人分成兩組。在「未參與組」中，工人會被叫進一個房間裡，由經理告知他們工廠要採用新的製程。接著經理會解釋新方法的諸多操作細節，新技術培訓完之後，工人再返回工作崗位，按照指示把新方法付諸實行。這就是典型的命令控制型（command-and-control）領導，在一九五〇年代是製造業界的常態。

而在「全面參與組」中，管理者會向工人描述問題，並請他們提出降低成本的解決方案。管理者會和工人一同選出最好的構想，也會一起擬定新的協議。有趣的是，這個組別比未參與組更樂於接受顯著的製程變化。因為是共同合作的關係，他們創造並實踐的這些改變，比起只有花一小時開會的組別，所需的培訓和計畫明顯多了很多。所以從很多方面來看，全面參與組所需的改變幅度其實更大。

我們馬上就能從這兩種達成創新的方法看出差異。未參與組表現的模樣，就是典型的那種厭惡改變的員工形象，他們很快就對新製程有諸多抱怨。經理與員工間的互動關係變得更糟，員工士氣也下降了。最重要的是，未參與組的產量急劇下降——大約只有先前產量的三分之二。而且在整整一個月的觀察期間，產量持續低落。

全面參與組的反應則迥然不同。他們起初在適應新製程的階段，產量有下降，但後來不但恢復了，生產速度也勝於以往。員工並沒有抱怨這些改變，而是欣然接受，所有人也都認同經理和員工之間的關係良好。當改變強加於人的時候，他們的反應就是抗拒。然而一旦被邀請加入討論過程，大家就會樂意接受。

這項早期研究提供了另一種自我說服的途徑，我們稱之為**共同設計**（co-design）。一般情況下，創新者直覺想到的，都是自己寫出完整的腳本，認出問題並決定最佳解決方針，受眾只能遵從創新者的悉心指導。因為一切都可以保持在創新者的掌控之中，所以這種方法很誘人，但如果我們的目的是要讓他人採納新構想，就必須邀請他們參與決策過程。

用共同設計凝聚向心力

在設計界，與利害關係人共同創造的過程有個稱呼，叫做共同設計。它的基本原則是，邀請你的員工、客戶和利害關係人一起積極參與新構想或倡議的設計。在構想完成時，這些個人（和他們的組織）會更願意採納和實踐。因為有參與研發的感覺，會讓他們更樂於成為新構想本身的倡導者和管理者。共同設計是產品設計師、建築師、藝術家及戰略家等等的專業者，都在使用的一種技術。

MATTER位於芝加哥市中心，是一個二．五萬平方英尺的醫療保健技術育成中心。他們成立於二〇一五年，其使命是要支持醫療保健產業，提供新創公司負擔得起的辦公空間、專業指導、培訓、研習課程，並協助與該產業的主要廠商建立關係。MATTER從一開始就必須把自己打造成一個獨立、非營利的組織，為各式各樣的「客戶」展現價值。這些客戶在利益上往往有非常大的差異，且彼此之間相互競爭。

大型藥廠和醫療技術公司必須願意與新創公司公平、公開地合作。業者在打造事業的同時，必須以寬容的姿態與業界其他公司緊密合作，即使對方有可能是相同市場及資源的競爭對手也一樣。為了支持新創公司的設立，競爭中的大學及研究機構也必須和諧地參與MATTER的生態系統。其中最困難的或許是，州政府和市政府必須同意由哪間機構獲得補助和資源；假如某個新構想經證實是成功的，又該歸功給誰。

他們面對的服務對象，其特性及優先事項都相當多樣化，想設計出讓所有人都滿意的環境和商業模式，實在是一大挑戰。MATTER成功的關鍵在於，讓這些個體和組織願意改變與他人互動的方式。這些比較大型的組織和企業，都已經有自主營運的能力，如今卻要求他們必須與其他公司通力合作，而且還是……以不合常理的形式。無論是對醫療保健產業的光明前景掛保證、來自伊利諾州州長及芝加哥市長的鼓勵，還是證明創業和創新榮景的數據，都不足以讓競爭對手加入。

為了要讓形形色色的團體共同打造MATTER的願景，創始團隊決定使用共同設計的方法。MATTER團隊促成了一系列的合作研討會，邀請有利害關係的各方人士協助設計某個設施。所有參與者都能夠用適合自己的方式，比如腦力激盪法（brainstorming）、草圖（sketch）、原型（prototype），來設計MATTER體驗的各項元素。參與者使用故事板（storyboard）發想的過程中，也可以突顯心理摩擦力可能存在的明確位置，有時候甚至還會角色扮演，了解在新設施中互動可能會是什麼感覺。

雖然最終並不是利害關係者提出的每一項功能或建議，都會納入最後的「產品」中，但在MATTER對外開放參觀之後，多數人都能見到自己參與設計的痕跡。更重要的是，各式團體的聲音、理念和顧慮，都能在設計過程期間被聽見，而非只能等到產品完成之後，也因此逐漸形成了自己與這項任務有深度連結的意識。MATTER最終開放參觀時，它的價值主張不需要「推銷」給任何人——因為這已經變成是參與者自己的價值主張了。

MATTER育成中心成立於二〇一五年二月，當時有三十間新創公司和約二十個戰略合作夥伴，包括伊利諾州政府、芝加哥市政府以及芝加哥地區的多數大學、醫院及研究機構。如今，MATTER擁有超過三百家新創企業成員、六十幾家企業和戰略合作夥伴。得到MATTER支持的公司，已經募集了超過十七億五千萬美元的融資，創造出五千多個就業機會，並影響著三億名患者的生活。

自我說服的三條規則

自我說服的目標，是讓人把訊息**內化**——從把洞見強加於人，改為讓他人自己產生洞見，藉此避開反彈。為了消除新構想中的反彈，我們把重點放在兩個策略上：**問可以讓人答「是」的問題**，以及**共同設計**。這邊再額外介紹三項規則，以增強自我說服的力道。

規則①：不要只是「歡迎表達意見」

我們常看到有人會把我們稱作「意見箱」的方法，當成自我說服的手段。在宣布新構想或倡議之後，便邀集他人分享回饋。「若有任何想法或建議，請寄email告訴我們」，這樣的方法之所以無效，有幾個原因。首先，你很常接受這類邀請嗎？應該不會吧。因為最省力的作法就是忽略請求。微弱的邀人參與跟直接讓人加入討論不一樣。

意見箱不管用的原因還包括：給他人發聲的機會、請人分享自己的觀點，其實並不符合自我說服的標準。這是一種常見的誤解。自我說服的目的，不單只是要讓人有表達的機會，還要引導對方接受某個已經設定好的觀點。這就是為什麼只能答「是」的問題至關重要。透過問卷調查，請他人分享自身意見，很可能導致對方走上預期以外的方向。如果你邀請他人參與，卻得到錯誤的結論，那麼結果將弊大於利。

規則②：讓人公開做出承諾

讓人公開做出承諾，會讓自我說服變得更加有力。回顧一下賴杜索教練用的承諾卡；他大可讓球員私下寫每週目標，但他卻反而讓球員跟其他隊友分享自己的目標。由於承諾卡具有公開性，也因此產生了責任。一旦你跟一屋子的人講了你的計畫和目標，就會更加覺得有必要堅持到底。請注意壓力本是源自於內在，施加壓力會適得其反，因為這麼做會增強反彈。而你真心想要的，應該是發自內在的改變決心。

每日站立會議（daily standup meeting）是公開承諾的極佳範例，這又被稱作每日「scrum」或晨間點名（morning rollcall），是軟體開發團隊很常使用的日常會議模式。團隊會在每天早上舉行一場簡短的會議（不超過十五分鐘），每一位成員都要回答三個問題：昨天為了幫助開發團隊實現目標，我有完成哪些工作？今天為了幫助開發團隊實現目標，我打算做哪些事情？還有，我是否有看到任何會阻礙我或開發團隊實現目標的障礙？

每日站立會議有幾項功能，不僅有助於團隊合作、共享資訊，同時也打破了穀倉效應（silo effect）*，創造出共同目標的感覺。但是除了協同合作（collaboration）的好處之外，每日站立會議也有助於展現並維持對專案的高度承諾。成員每天都要對團隊說明自己會如何達成目標，就像賴杜索教練的球員一樣，必須公開做出承諾。這種自我說服的簡單做法，可以讓人對完成任務有更強的使命感。

規則③：讓參與變得有意義

最後，在參與過程很有意義且超乎人們期待的情況下，自我說服的效果會最強。從哈伍德工廠的實驗中可以看出，有深度參與打造新構想的工人（全面參與組）樂於接受改變，而沒有參與的工人（未參與組）則拒絕改

* 譯註：出自《英國金融時報》總編輯吉蓮・邰蒂撰寫《穀倉效應》一書，用來形容各自為政、缺乏橫向協作的企業部門。

變。不過這個實驗中，還有一個我們之前沒有談到的第三組——「透過代表人參與組」。跟未參與組一樣，有人告知他們要遵循新的製程，但與未參與組不同的是，過程中他們是有一點發言權的。他們被告知說，如果有任何疑慮或想法，都可以分享給某位指定的代表人，由他轉達給管理者。如你所料，第三組的反應跟未參與組一模一樣。

重點是：自我說服並非捷徑，也不是在開空頭支票。深度拉票不是噱頭、不是給人話語權的小把戲。這是一個經過深思熟慮的過程，可以與選民深度交流。唯有讓對方的參與充滿意義，才能瓦解人們對改變的強烈反對。

重點回顧

克服反彈

想化解反彈，必須從衡量人們的反應幅度開始。反彈在以下狀況會最強：你的新構想會挑戰到他人根深蒂固的理念（比如政治或宗教）、別人感受到被迫改變的壓力、人們沒有參與創建構想的過程。想估量出你的創新或改革倡議會產生多大程度的反彈，請先回答下面這三個問題。

1. **我的新構想是否會威脅到他人的核心理念？**

這個問題決定了受眾能否對你想創造的改變抱持開放的心態。假如你的構想涉及感恩節餐桌上避談的議題（政治、宗教、社會正義），就有可能是一種核心理念。

2. **我的做法會讓人感到被迫改變嗎？**

人一旦感覺自己被迫改變，就會本能地用反抗來維護自主權。強迫有很多種形式：因為不做改變而遭到懲罰、有時間壓力、要求太高，都會產生強烈的反彈。

3. **你的受眾有被排拒在決策之外嗎？**

這個新構想完全是你想出來的？還是受眾在過程中也有發揮作用？

克服反彈的祕訣在於停止敦促他人改變。與其一味說服對方，不如幫助他們說服自己。我們把這種創造影響力及推動創新的方法，稱作自我說服。一旦做出改變的論點及洞見是發自內心，人就會自我說服。本章探究了兩種可以引領他人自我說服的策略：**問可以讓人答「是」的問題和共同設計**。

提出讓人答「是」的問題

1. **你是用問的，還是用說的？**

告訴別人要做什麼，是一種施壓的形式，用問的則可以消除反彈。

2. **你問的問題可以讓人答「是」嗎？**

創新者本能上的錯誤，是他們往往會從造成緊張或分歧之處展開對話。如果創新跟新構想可以從展現接納跟共通點的提問開始，會比較容易被人接受。

3. **你能讓人公開做出承諾嗎？**

如果能讓人對外做出承諾，自我說服會更加有力。

用共同設計凝聚向心力

1. **你的受眾能參與新構想的設計嗎？**

共同設計的基本原則是，透過邀請他人參與新構想的設計，讓新構想完成之後，這些人能更願意採納和實踐。

2. **參與過程能讓人覺得有意義嗎？**

自我說服並非捷徑，也不是在開空頭支票。在參與過程深具意義又超乎人們期待的情況下，共同設計的效果會最強。

11

命中靶心

讓人們擁抱改變

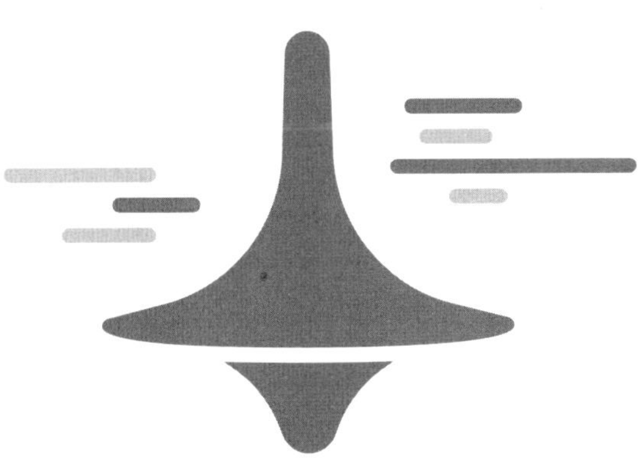

以下的個案研究，我們會把心理摩擦力理論應用在三個現實世界的情境中。這三種情境都很複雜，也沒有明確的解決方案，但這是刻意挑選的。在這些個案中將分析我們所看到的心理摩擦力（也許你會發現被我們遺漏的事物），並探究創新者克服抗拒改變的策略。在某些案例中，我們從心理摩擦力的角度來找出創新的機會，而在其他案例中，則是用來評估某個創新在市場中面臨的不利因素，以及受阻的程度。

針對每個個案的觀察重點，我們會寫在稱作**心理摩擦力報告**（Friction Reports）的工作表上。這份報告可以診斷和預測四大心理摩擦力對創新和變革倡議造成（或即將造成）的衝擊，其設計是為了要讓同事或團隊成員在協同合作時方便填寫。填寫工作表的目的不在於完成報告，而是為了要促進協作者之間的討論。我們發現這種方法對於推斷正在發揮作用的心理摩擦力非常好用，也很適合用來推斷它們影響力的相對大小。我們希望帶各位看到心理摩擦力理論在不同情境下的應用，有效幫助你在自己的創新和變革倡議中，著手進行類似的分析。

這邊提到的心理摩擦力報告，以及我們開發的許多工作表、工具，和其他可以幫助你應用心理摩擦力理論的內容，都可以到這裡查看和下載：https://www.humanelementbook.com。

杜拜的轉型，從石油到創業

數十年來，阿拉伯聯合大公國的杜拜，大部分的國民所得都仰賴石油的生產。到了一九九〇年，石油收入占杜拜GDP的二十四％，阿聯成為中東地區第三大經濟體。然而僅僅十年後，情況就整個翻轉了。杜拜的海上油井開始乾涸，石油產量也下降了。杜拜在石油工業中的角色，從石油的淨出口者徹底轉變為石油的淨進口者。杜拜曾有近四分之一的總收入來自自然資源的貢獻，然而到了二〇二〇年，它對總收入的貢獻卻連一％都不到。為了保持自己在該地區及世界的突出地位，杜拜必須找到新的經濟成長引擎。

為了應付瞬息萬變的狀況、確保未來的榮景，杜拜的領導者認為此時正是孵育新經濟成長來源的時機——新創產業。杜拜必須迅速發展，成為該地區的創新及創業活動中心。但想取得成功，還得做出許多改變。

對創業興致缺缺的年輕人

二〇一六年，杜拜政府成立了杜拜未來基金會（Dubai Future Foundation，DFF）。杜拜未來基金會的使命，並不只是要把杜拜變成創業和創新的重鎮，政府還希望創新能發自城市內部。比起只是吸引外商來杜拜展店，政府更希望把杜拜的年輕公民轉變為成功的企業家。根據杜拜未來基金會的副執行長兼營運長阿卜杜拉茲．阿爾札齊里（Abdulaziz AlJaziri）的說法，杜拜不只想要發展新創公司，「比打造新企業更重要的是，要培養年輕公民和居民的創業心態。」阿爾札齊里與未來基金會相信，創業家思維（entrepreneurial thinking，掃描市場中未滿足的需求，並快速提出新的解決方案）不僅能有效催生新創企業，也能讓年輕一輩的阿聯人在解決問題時更有整體性的創意思維。他和杜拜的領袖們都認為，這樣的心態對於杜拜未來的經濟成功非常重要。

在杜拜政府的大力支持下，未來基金會很快展開了幾項倡議行動，藉以激勵阿聯的年輕人投身創業。對於如何將城市和國家轉型成創新基地，國外有一套藍本可循，杜拜也沿用這套藍本來推展當地的新創企業運動。

該計畫旨在針對新興科技主題，提供年輕阿聯人相關教育訓練，諸如編碼（coding）、數位製造（digital manufacturing）以及應用型研發（applied R&D）。

- 在城市周圍建造美麗、嶄新的工作環境和創新設施，來鼓勵、吸引並培育新興技術和新創產業。
- 啟動「加速器」計畫，邀請杜拜內外的業師，提供新公司取得資助和創業相關的輔導。
- 發起行銷活動，吸引全國的注意力，鼓勵阿聯的年輕人成為企業家。

杜拜原本已經蓄勢待發，準備好迎接新創企業的洪流，結果卻相反，他們只迎來了涓涓細流。儘管充滿活力的創業經濟、美觀的新設施、業師輔導計畫和編碼課程都很令人振奮，卻鮮少有年輕的阿聯人願意邁開創業的腳步。在對學生進行了深度訪談，並研究了數十名阿聯年輕人的職業生涯之後，一些創業阻力的來源開始變得清晰可見。

慣性

這項計畫剛啟動時，成為創業家的想法還是一個很陌生的概念。杜拜的學生跟美國的大學生不一樣，他們在歷史上並沒有滿二十一歲就要自己創業、當老闆的企圖心。美國的大學生普遍受到矽谷文化、專業自主性以及快速致富等觀念的強烈吸引，因而積極在宿舍內開發新產品，但阿聯學生渴望的卻是他們更熟悉的事物。在那個時候，畢業後最搶手的工作就是在政府部門擔任公務員。也就是說，追求創業生涯是大幅偏離現狀的做法，因而會面臨強大的慣性。但另一方面，由於這些大學生對於職涯的觀念還稱不上根深蒂固，因此透過四年的課程，應該還有時間和機會能讓他們適應創業的觀點。

惰性

未來基金會成立之初，想在杜拜創業，過程會非常複雜、耗時又昂貴。根據第五章引用的世界銀行創業難易度排名，杜拜是排在第三十一位。一個年輕企業家，從發想某個令人注目的創業構想到成立商業企業（commercial enterprise），可能要花上十二個月，甚至更久。成立企業要付出的高昂成本，更使問題加劇——商業登記及相關費用可能高達十萬美元。

與惰性相關的最大挑戰，恐怕是在於不確定性。由於設立公司的流程很混亂，讓人只能在取得公司執照和商業銀行帳戶的繁雜手續中打轉。尤其對初次創業的人來說，就算再有創業精神，也還是一大阻礙。再者，因為沒有強大的創業傳統可以借鏡，學生很難找到導師替他們指路。

概念

激勵年輕的阿聯人成為企業家

目標受眾

阿聯的大學生

惰性

強度：低 中 高✓

□ 落實這項改變，需要耗費多少體力與心力？

□ 對於這項改變，人們知道如何實踐嗎？或是一路充滿不確定性？

- 在杜拜創業的過程充滿不確定性，既花時間又花錢
- 其中的每一個環節都要耗費力氣，全數加總之後就讓人寸步難行

情感阻力

強度：低 中 高✓

□ 這項改變會讓人感到多大的威脅和焦慮？

□ 新構想是否阻礙人們滿足其他方面的需求？

- 創業的成功率低，加上失敗會帶來污名，使得大學生很可能心生焦慮與恐懼
- 這個問題在他們的父母身上更明顯，而阿聯父母對孩子的決定有很大的影響

心理摩擦力報告

杜拜的創業精神

慣性

強度：低 中 高✓

☐ 新構想與現狀大不相同嗎？

☐ 人們有時間適應新構想嗎？

☐ 改變是循序漸進或一步到位？

- 對杜拜的大學生來說，「創業」是個陌生的概念
- 他們的夢想是在政府任職，而非當個企業家「追求創業生涯」，和現狀大不相同

反彈

強度：低✓ 中 高

☐ 推廣新構想的方式會逼迫人們改變嗎？

☐ 在構思與計畫構想的過程中，目標受眾會被排除在外嗎？

- 政府並未施壓要求人們改變，也沒有把目標受眾排除在外，因此反彈不大

情感阻力

關於成功創業，傳統觀點認為，九十%的新企業都會在成立的頭一、兩年失敗。在舊金山，創業失敗是很榮耀的事情。無論結果如何，人們都相信創業家獲得的經驗是寶貴的一課，可以運用在他的下一間新創公司上。但是在杜拜，經商失敗的意義卻截然不同：創業不成，不僅會讓企業家臉上無光，家人也會感到十分難堪。

對失敗的恐懼，是變革的主要障礙。如果這些大學生能專注追求傳統課業，父母又何苦要讓他們把心思放在很有可能失利的創業上呢？這樣對他們的前景難道不會毫無助益，甚至造成傷害嗎？如果支持孩子選擇創業，別人會怎麼看待身為父母的自己？創業失敗招來的污名對於杜拜的大學生走上創業之路，是最主要的障礙。

反彈

政府雖然會吸引、鼓勵阿聯的年輕人投入創業生涯，但並沒有強制他們一定要走上這條道路（這是明智的做法）。由於年輕人沒有被迫改變，因此出現反彈的可能性很低。

克服杜拜人的心理摩擦力

二〇一八年，杜拜未來基金會開啟了一項名為「大學創業計畫」的倡議。其目的只有一個：替那些期望創業的大學生，設計一條更沒有心理摩擦力的路徑。此計畫著眼於阻礙大學生邁進的兩大心理摩擦力。

從惰性的分析中可以清楚看到，假如未來基金會想要激起一波年輕新創公司在杜拜扎根的浪潮，就必須進一步改變結構和組織。健康創新文化的一項特色就是企業必須行動迅速、快速迭代（iterate）*。為了支持這樣的文化，政府必須重新設計創業流程，才能符合這種講究速度的需求。

* 譯註：原意是一種相對於瀑布式開發的軟體開發方法，後來這個概念被應用做為企業創新設計思考的一環，敏捷式開發也是屬於迭代的開發流程。

經濟自由區

二〇一九年五月，政府在杜拜大學校園內設立了所謂的「自由經濟與創意區」（Free Economic and Creative Zones）。這些創新聚落跟杜拜其他地方的法規不同，在經濟自由區裡的學生們，幾天之內便能開設公司、取得營業執照，而且相關費用還能享有大折扣。學生創業家可以輕易取得業師在創業方面的建議，包括法律、會計及ＩＴ技術指導等——這些服務對於開展新創企業的業務及營運而言都非常重要，但在「大學創業計畫」設立以前，新興企業很難取得這樣的服務（而且很可能也負擔不起）。

創業補助

這個計畫也提供了新創補助和種子基金，首次創業能獲得多達十萬迪拉姆（約合新台幣八十多萬元）的資金，藉以抵銷薪資成本。政府也提供年輕創業者週轉金，使他們得以財務獨立，不必靠父母出資援助。

提供行動流程圖

最後，政府也提供了創業七步驟的行動流程圖，為學生創業指明道路。從發想到正式創立，每一個發展步驟，學生都可以確切知道有哪些財務、操作和社群的資源可供運用，也能知道如何取得這些資源。初次創業過程中可能遇到的不確定性就因此移除了。

消除對失敗的恐懼

這個計畫遭遇的最大挑戰就是要克服人們對失敗的恐懼。為了反轉國內這種創業氛圍，必須先設法去除經商失敗的污名——無論對學生還是父母都一樣，而後者更是格外重要。阿爾札齊里表示：「對於孩子在校，不單只是專注於學業，而是投身創業的這件事情，我們必須要讓父母能夠感到安心自在。這是不同於以往的巨大轉變。我們反而比較沒那麼擔心學生是否有創業的抱負，畢竟在那個時候，創業相關的概念已經讓很多人感到振奮了。我們該要設法去除的是父母和周遭親友的焦慮心態。」

政府必須向阿聯的家庭發出明確的訊息，強調大學創業家對杜拜的未來扮演著很重要的角色，但政府的做法又必須很小心，以免引發反彈。二〇一九年一月，阿聯總理兼杜拜酋長穆罕默德·本·拉希德·阿勒馬克圖姆殿下（Mohammed bin Rashid Al Maktoum）在一份稱作《五十年憲章》的文件中，將大學創業定為對於杜拜未來不可或缺的九大關鍵戰略目標之一。這是本·拉希德開始擔任首份公職五十週年之際發布的憲章，該憲章是要展望未來的五十年，定下幾個必須採行的短期重大基礎措施，以確保杜拜數十年後的繁榮興旺。他呼籲阿聯的年輕人共同來了解這份願景——殿下登高一呼，便有萬眾跟隨。從那時起，大學創業實際上已明顯變成全國民眾的渴望，就像大學生渴望的其他公家職務一般。

大學生追逐創業夢的同時，杜拜政府也要設法激發父母的新思維，於是他們採用了一種尖端技術：寄感謝函。學生只要按照創業七步驟的行動流程圖完成創業構想，他們的父母就會收到一封由本·拉希德殿下親筆簽名的信函，對學生創業家付出的努力親自表達感謝之意。

這封主動寄發的感謝函有個關鍵的微妙之處，那就是無論創業結果如何，父母都會收到信。值得讚許的是創業的企圖心，而不是創業的結果。收到這份榮譽，父母會感到無比自豪，消息很快便傳開了。這也會激勵更多父母為了國家的將來，支持孩子們響應創業號召。

阿聯消除心理摩擦力的成果

「大學創業計畫」於二〇一九年十月啟動，先在六所當地大學試辦。頭一年參與的大學就多了一倍，變成十二間；到了二〇二〇年，該計畫已協助學生設立了三百零八間新創企業，參與計畫的戰略合作夥伴數量也成長了四倍。第一年試辦的學校中，有七間新創公司獲得十一萬迪拉姆的創新補助，並在創始人畢業時全面營運。

創業的手續也變得更容易了。到了二〇一九年，杜拜在世界銀行的經商環境排行榜上排名第十一，比杜拜政府開始投入時還上升了二十名。

最重要的，或許是國內對學生創業的觀念開始改變了。創業生涯在二〇一六年還不受歡迎，但如今，創業在國民意識裡已經成了一種極具抱負的志業，在杜拜各地的大學中也變得愈來愈熱門。

通往大麻合法化之路

一九三〇年代，美國禁止使用大麻。七十年來，大麻合法化的倡議者一直想改變公眾輿論和法律，卻收效甚微。基於對經濟與社會正義的考量，大麻合法化有一些強而有力的好理由，以下僅舉幾個合法化的論點為例：大麻禁令對降低大麻的使用量並沒有顯著成效，卻在執法上浪費數十億公帑；該禁令也引發社會不公的問題，美國黑人與白人的大麻使用率相近，但黑人因持有大麻而被捕的機率，卻大約是白人的四倍。大麻禁令也會助長黑市的組織犯罪，根據美國的非營利智庫蘭德公司（The Rand Corporation）統計，販毒集團的收入有三十％來自於大麻販售。另一方面，大麻合法化可以讓民眾遠離刑事司法體系，幫助州及地方政府增加急需的稅收。

但美國大眾並不買單。直到一九九〇年代，大麻合法化的概念似乎都還只是自由主義者的幻想。只有二十四％的美國人支持大麻合法化，也沒有主流政治人物願意公開支持這件事情。讓我們來看看反對這項變革的巨大心理摩擦力。

慣性

從禁止到合法化需要經過大幅度的改變。要把非法持有的嚴厲罰則轉變成允許娛樂性使用，中間的變化可說是非常極端。大麻合法化的概念實在太過陌生，只有幾個政策和價值觀與美國大相逕庭的歐洲國家有成功合法化的案例。

惰性

對選民來說，問題只在於要對合法化倡議投下贊成票或反對票，但是對

概念

讓大麻合法化

目標受眾

立法者與選民

惰性

強度：低 中 高（勾選：中）

☐ 落實這項改變，需要耗費多少體力與心力？

☐ 對於這項改變，人們知道如何實踐嗎？或是一路充滿不確定性？

- 對選民來說，問題只在於要對合法化倡議投下贊成票或反對票
- 對政治人物而言，要如何監管一個曾經非法的藥物，其中的不確定性會是阻礙改變的強烈心理摩擦力

情感阻力

強度：低 中 高（勾選：中）

☐ 這項改變會讓人感到多大的威脅和焦慮？

☐ 新構想是否阻礙人們滿足其他方面的需求？

- 很多選民和政治人物對於合法化的後果感到憂心，不確定會不會帶來更高的犯罪率、更多的交通事故和青少年成癮問題

心理摩擦力報告

大麻合法化

慣性

強度：低 中 高（勾選：高）

- □ 新構想與現狀大不相同嗎？
- □ 人們有時間適應新構想嗎？
- □ 改變是循序漸進或一步到位？

- 從禁止到合法化，需要經過翻天覆地的變化
- 要把非法持有的嚴厲罰則轉變成允許娛樂性使用，其中的變化可說是非常極端

反彈

強度：低 中 高（勾選：高）

- □ 推廣新構想的方式會逼迫人們改變嗎？
- □ 在構思與計畫構想的過程中，目標受眾會被排除在外嗎？

- 用藥對許多人來說是核心議題，會違背他們的價值觀、身分認同和宗教信仰
- 若讓人覺得被強迫推銷大麻合法化的概念，反彈的風險就會很高

一個政治人物而言，要如何監管一個曾經非法的藥物，其中的不確定性會是阻礙改變的強烈心理摩擦力。

情感阻力

很多選民與政治人物對於合法化的後果感到憂心，不確定會不會導致更高的犯罪率、更多的交通事故和青少年成癮問題。政治人物尤其不敢碰這個議題：如果你支持的倡議會增加事故跟犯罪率怎麼辦？就算你相信結果不太可能會這樣，這仍舊是一種（職涯）風險。

反彈

用藥對許多人來說是核心議題，這會違背很多人的價值觀、身分認同與宗教信仰。政府若是貿然把以往被視為禁忌的藥物合法化，可能會讓人覺得大麻是被強加在不想跟它沾上邊的人身上。假如這種感覺蔓延開來，幾乎可以確定大麻合法化會激起強烈抗議。

克服反對大麻的心理摩擦力

美國是如何從「對藥物宣戰」，轉而變成中部地區廣泛支持大麻合法化的呢？很大一部分原因是醫療用大麻的興起。大麻提倡者改變策略，從全盤推動大麻合法化，改成從規模小很多的政策倡議開始做起——讓癌症病友可以在嚴格控管下使用大麻。跟全面合法化比起來，這樣的微幅推展就溫和很多。當人想做出重大改變時，通常唯一能辦到的方法就是先從小處做起。微幅改變能讓人慢慢對提案感到熟悉與自在，進而適應新構想。醫用大麻也能藉由讓使用者更加熟悉來減少慣性。癌症會影響所有人，尤其是成人及長者，這意味著醫用大麻的使用者並不侷限於高中生和嬉皮，而是專業人士——也就是選民比較能認同的對象。民眾多少都會有親友是醫用大麻的使用者，這麼一來，使用大麻的概念就比較沒那麼禁忌，而是變得更加熟悉。

讓人對醫用大麻買單，也可以成為一種強而有力的自我說服形式。在重症疾病的處置上，民眾壓倒性地支持醫用大麻。讓大眾贊同這項提案，就如同問一個只能答「是」的問題。一旦民眾習慣了將醫用大麻用在重症的觀念之後，下一步就是要擴展疾病醫療的使用範圍。「關節炎患者可以用大麻來減輕疼痛嗎？」現在多數的美國民眾都會對這個問題答「是」。再下來就是娛樂性使用除罪化。當娛樂性用藥列入公投時，原本站不住腳的立場，現在變成多數人也會答「是」了。只要大家贊同這個立場，那麼屆時不只是大麻愛好者，就連一般美國民眾也能開始認同這件事情。從共通的立場出發，他人就不會反對改變，反而會支持改變。

醫用大麻和後來的除罪化也減少了情感阻力，尤其是對政治人物而言。人們能有機會看到法律放寬之後，並沒有讓犯罪激增。等到全面除罪化可以攤開來談的時候，很多擔憂都已經消退了。我們認為，如果少了醫用大麻這一步，娛樂用大麻很可能根本不可能實現。

大麻合法化的推動結果

截至二〇二一年初，娛樂用大麻在美國已有十五個州完全合法化，三十六個州及美國屬地批准做為醫療用途[1]——這表示現在多數的美國人都至少有一種途徑可以取得大麻。大麻在二十七個州已經完全或部分除罪化，國會也正在考慮讓大麻全國合法使用的法案通過，並且把因為先前的法律而定罪的記錄給刪除。

二〇二〇年十月的蓋洛普（Gallup）民調顯示，六十八%的美國人支持大麻合法化，創下歷史新高。[2]

減少購屋痛苦的新商業模式

自二〇一二年房地產崩盤以後，美國房市開始出現歷史性反彈。從二〇一二年至二〇二一年，獨棟洋房（single-family home）的價值成長了四十三%。經濟從衰退中穩步復甦，再加上十年來利息與房貸利率處於歷史低位，使得數百萬美國人渴望買房。

雖然強勁的市場環境讓某些人受益，卻不是所有人都雨露均霑。低利率、低失業率和房地產價值水漲船高等因素相結合的情況下，美國大都市的房市呈現高度競爭狀態。在西雅圖、舊金山、波士頓、丹佛、紐約和其他城市，典型的買房者常發現自己出價購買新房時，對手往往是財力雄厚的「全現金」（all-cash）出價者。全現金買家（正如大眾對他們的了解）是住宅市場的頂級掠食者，對於那些需要房貸才能買房的人來說，想要出價高於他們幾乎是不可能的事。挫敗的現實使成千上萬有購房資格的買家放棄買房的夢想，直到快速成長的房產新創公司Flyhomes出現，才找到平衡競爭環境的方法。

吸引力導向策略的挫敗

Flyhomes是由史蒂芬・雷恩（Stephen Lane）與圖沙・加格（Tushar Garg）這兩位MBA學生於二〇一五年創立的，他們就讀商學院的多數時間，都在研究他們認為很有可能被顛覆的產業，因而開始注意到住宅房地產這個領域。

當時如Zillow、Redfin的線上房地產仲介公司都把重點放在兩項顧客利益上：讓買家可以線上瀏覽新屋庫存，並提供仲介費折扣服務，讓人買房時能收回少量現金。雷恩和加格認為，買房者的需求還有很大的空間有待滿足。於是兩人拿了房地產執照，開始打造另類的仲介公司。

他們的第一次出手，就是藉由Flyhomes來提供買房者一種新型態的購屋獎勵。兩人並不是利用現金返還的仲介費折扣模式來發揮影響力，而是把航空哩程提供給買家。他們知道年輕的專業人士都很重視旅遊與冒險的價值，那何不像購買餐點或咖啡可以積點那樣，讓買家在購買新屋時的每一分錢都能化為飛行常客哩程（frequent-flyer mile）呢？買一棟五十萬美元的房子，可以賺進五十萬英里的飛行哩程！他們把這個想法告訴了幾家美國航空公司，接著很快就跟阿拉斯加航空和捷藍航空簽約，成為合作夥伴。

Flyhomes的執行長加格回憶起自己確信這套賣屋手法會大獲成功的那天：「我還記得那天，捷藍航空發email給所有常客，向他們介紹自己的合作夥伴Flyhomes。這封email一發出去，Flyhomes的註冊人數就飆升，短短一天之內便湧入成千上萬的註冊者。我一邊看著新用戶暴增，一邊想著『我們成功了！Flyhomes 一定會前途無量！』」

旅遊獎勵的想法很明顯具有一定的吸引力，此時只要網站的註冊者能轉變成買房者就可以了，但這樣的轉變卻從未出現。雖然網站上的新註冊量非常大，卻幾乎沒什麼人透過 Flyhomes 買房。「我們的獎勵雖然有成功把客戶帶到平台上，卻沒辦法讓他們選擇跟我們買房。」加格說：「中間肯定另有隱情。」

了解顧客是首要任務

加格和雷恩必須找到可行的新商業模式，而且動作要快。為了推行航空哩程戰略，該公司幾乎耗盡了所有的營運成本。為了有足夠時間找出新路，這兩位創始人必須找到方法，讓這家羽翼未豐的公司能持續運作。

手中握有房仲執照的雷恩和加格認為，如果能用傳統的方式賣幾間房，也許能獲得一些有價值的見解，幫助他們了解以積點為基礎的商業模式有哪些不足之處。更重要的是，也許能賺到足夠的錢來維持商業運作。當時加格正在他的第二故鄉西雅圖度過一個學期，他在念商學院之前，是在那邊的微軟（Microsoft）工作。他希望透過在幾間展售屋外閒逛，可以取信於一些買房者，把他當成房仲來合作。

他的努力終於得到了回報。加格利用自己在微軟的信譽和創業家的拚勁招攬到一些客戶，很快就開始著手幫他們買房。在火熱的西雅圖房地產市場，做為買方代表的工作經驗給了他很多啟示。他和雷恩很快就發現到，雖然旅行和冒險的紅利對年輕的買房者很有吸引力，但這些獎勵對於他們當下真正的困境——在高度競爭的環境中成功買下新房——卻完全沒有幫助。

加格表示：「為了帶來真正具有顛覆性的影響，我們必須把業務轉個彎，不再關注紅利，而是找到新的方法，幫助客戶真的買到他們想要的物件。」

從加格和雷恩的民族誌研究中，可以清楚看到買賣雙方都有巨大的心理摩擦力。

賣家面臨的情感阻力

大部分的買房者都必須先賣掉現有的房子，騰出必要的現金（通常是新屋成交價的十至二十%），才有可能購買新房。因此，很多買房者為了成交，只能被迫向賣方簽訂所謂的「買房附帶條款」（home sale contingent offers）*。這種附帶條款若要生效，買家必須在指定時間內賣出現有房屋才行。

賣家要耗費的心力

如果買家簽了附帶條款卻沒有成功售出現有的房子，該出價就無效，賣家必須把找房仲賣房的程序重新再走一遍。雪上加霜的是，他們的房屋此時在市場上會被看作是「重新上架的物件」。重新上架的物件通常名聲不佳，因為當買家看到某物件曾簽約後又重新回到市場上，一般都會假定該物件八成有什麼問題。想克服這樣的污名並不容易，而且重新販售的房子，最終往往會用上次的買價來削價求售，只為了讓賣家能在所需時程內完成交易。

買家面臨的情感阻力

附帶條款通常是有時間限制的——意味著買家的出價一旦被接受，就得與時間賽跑，盡快把現有的房子賣出——這就是恐懼與焦慮的源頭。更令人擔憂焦慮的是，他們現有的房子也極有可能被一個自己也簽了附帶條款的買家買下。在這殘酷的戲劇性轉折下，買家與他們想要購入房子的賣家會處於完全相同的不安境地。

買家要耗費的心力

買家為了出售現有的房子，必須將房屋保持在「開放參觀」的狀態（同時每天都要跟孩子和寵物住在裡面）。當他們一接到看房及參觀的通知，就必

＊譯註：又稱退出條款，這是一種保護買家的合約，有分好幾種類型。當買方的出價被賣方接受後，在房屋的過戶階段若能符合某些條件，買方有權利在一定時間內退出交易並拿回定金。

概念

讓買家在競爭的市場中能更容易買房

目標受眾

買房者

惰性

強度：低 中 高✓

□ 落實這項改變，需要耗費多少體力與心力？

□ 對於這項改變，人們知道如何實踐嗎？或是一路充滿不確定性？

- 購屋過程對買方來說非常累人，不論是看房、出價競爭，還是迅速行動出售現有的房屋，都需要花費很大的心力
- 想申請房貸，並在附帶條款過期之前順利成交，也必須花費時間和金錢

情感阻力

強度：低 中 高✓

□ 這項改變會讓人感到多大的威脅和焦慮？

□ 新構想是否阻礙人們滿足其他方面的需求？

- 買屋過程會讓買賣雙方高度焦慮。對買家而言，焦慮感源自：若是無法與全現金出價者競爭，或手上的房屋無法售出，就會失去他們想要的房子
- 對賣家而言，焦慮和恐懼來自於不確定能否在合理的時間內成交

心理摩擦力報告

Flyhomes

慣性

強度：低✓ 中 高

- ☐ 新構想與現狀大不相同嗎？
- ☐ 人們有時間適應新構想嗎？
- ☐ 改變是循序漸進或一步到位？

- 擁有房屋並非極端的新觀點
- 通常買房的決定，就算沒有花上幾年，也至少要花好幾個月才會逐漸成形

反彈

強度：低✓ 中 高

- ☐ 推廣新構想的方式會逼迫人們改變嗎？
- ☐ 在構思與計畫構想的過程中，目標受眾會被排除在外嗎？

- 買房過程不會讓人有太多被逼迫的感覺，受眾也不會被排除在外

須馬上撤出房子，即使知道購入下一間房子的事情仍沒有著落，還是得全盤照做。買家若想避開複雜又充滿壓力的買房附帶條款，唯一的方法就是出價時完全「放棄」這項條款。這對買家來說也很危險，如果放棄附帶條款，買房者就得冒著可能同時擁有兩棟房子的風險——這對多數人來說都是無法承受的現實。再者，很多的貸款機構，對於要批准買房的貸款給那些背負兩棟房子財務壓力的買家，會十分猶豫。這會使購買新屋的貸款變得既難申請又成本高昂，因為多數的貸款機構都會要求買家多花一筆錢來購買抵押貸款保險，為自己製造的風險負責。

將焦點從吸引力轉往心理摩擦力

為了幫助典型的買房者在激烈的市場中競爭，雷恩與加格決定放棄以獎勵為基礎的商業模式，轉而把注意力放在消除對買賣雙方都不利、又最為重要的心理摩擦力上。他們意識到，關鍵是要找到能為雙方提供**確定感**（certainty）的方法。

賣家想要的確定感是：報價能在合理的時間內被對方接受成交。全現金買家之所以能處在房地產食物鏈的頂端，是因為賣家把他們視為風險最低的人。全現金買家不需要等銀行融資敲定就能完成交易（在某些市場中，等待銀行可能要耗費數個月的時間，還得冒著失敗的風險）。買家想要的確定感則是：他們能夠在合理的時間內，以合理的價格出售現有的房子。

克服買賣雙方的心理摩擦力

為了解決買賣雙方的心理摩擦力，Flyhomes創造了一種名為「舊屋換新房」（Trade Up）的提案。這項計畫能提供買房者三個與眾不同的好處：

賣房保證：Flyhomes保證買家可以賣出現有的房屋。公司會先與客戶商定購買價格，這樣買家就會比較放心，因為至少他們可以用這筆錢來購買新家。如果Flyhomes無法在九十天內賣掉客戶現有的房子，公司就會自行掏錢買下。

把所有的買家都變成全現金買家：Flyhomes 也承諾以現金的方式包下顧客購買新屋的出價。基本上，這就能讓 Flyhomes 每一次給賣家的出價，都是全現金出價。對賣家來說，因為可以確保交易在合理時間內完成，所以他們也會比較安心。

擴大服務內容：「舊屋換新房計畫」的其中一個部分是，Flyhomes 會負責檢查、全面清潔和布置客戶的現有房屋。更棒的是，Flyhomes 會等客戶搬出去之後才把物件公開出售，這樣客戶就不用為了保持房屋整潔而擔憂，或是一有人要看房、參觀就必須迅速迴避。

「舊屋換新房」計畫的成果

Flyhomes 的創立者用數據和測試分析了其構想的市場可行性，確信這種房屋買賣方式可以徹底改變遊戲規則。該公司申請了一億二千萬美元的信用額度來支持這項新商業模式，並開始投入運作。

結果這個商業模式成功了。截至二〇二〇年底，Flyhomes 達成了價值二十一億美元的交易，成交近三千棟房屋。事實證明，消除賣家的心理摩擦力對買家的好處更大。在超過五十％的成交案中，Flyhomes的喊價都不是購買價中出價最高的。賣家確實比較看重成交的確定性，而非成交價格。事實上，Flyhomes買家的房屋成交價跟那些與傳統房仲合作的買家相比，平均省了二．四％（平均每筆交易約省下一萬八千美元）。

至於這種商業模式的下行風險（downside risk），在Flyhomes的過往經歷中，只有七次必須自行買下保證銷售的物件；而在這少數情況中，公司也只有兩次交易是賠錢的。

致謝

雖然封面上只有兩位作者的名字，但《心理摩擦力》是集眾人之力的成果，很多人從各方面給予協助，讓這本書順利成形。首先，我們想感謝出版商Wiley，因為有你們的大力支持，本書才得以問世。特別感謝編輯Zachary Schisgal用耐心和支持對待我們這種第一次出書的作者，謝謝你支持我們的願景，即便有時我們的看法與你的明智建議不盡相同。

我們也要感謝凱洛格管理學院以及廣大的凱洛格社群。本書處處都有凱洛格學生和校友的影子，因為有許多人願意花時間跟我們分享經驗，才會有這麼多的故事，讓內文更加豐富。我們由衷感謝凱洛格社群對本書的支持與傾力相助，我們也要特別指出，很多學生和校友為本書的初期版本提供回饋意見，貢獻良多。能跟世上最優秀的眾多學生一同工作實在倍感榮幸，也不勝感激。

心理摩擦力理論建立在許多學者的研究基礎上，我們想特別提及兩位很重要、但書中並未詳談的出色學者。首先，心理摩擦力理論是延伸自庫爾特·勒溫對於行為改變的開創性研究，他在溝通因素（channel factors）方面的想法對本書影響甚深。克雷頓．克里斯汀生和鮑伯．莫伊斯塔的研究也為我們帶來啟發，他們共同開創、推廣「用途理論」，其中關於情感價值的著作深刻地影響了我們看待與其對應的「情感阻力」的觀點。

我們很感謝諸多學術界成員為本書花了很多時間，提供專業知識。亞當．格蘭特非常大方地分享他的學識。洛蘭想謝謝 Adam Galinsky 十五年來對其工作和職涯的支持；大衛想對鮑伯．莫伊斯塔及湯姆．凱利兩位導師表達謝意，他們在本書寫作過程中，熱情慷慨地給予諸多專業意見，對我們幫助極大。

我們也想感謝那些用自己的故事和專業，將書中原則付諸實踐的人，包括：阿卜杜拉茲．阿爾札齊里、史黛西．阿隆索、圖沙．加格、西門．金、布蘭特．米勒、阿里．瑞達、珍妮佛．施耐德、詹姆斯．史都華、查克．蘇拉克、格倫．圖曼，以及令人驚嘆、總是鼓舞人心的芭芭拉．貝斯金。謝謝各位大方分享故事、見解和經歷。因為有你們，本書才能如此豐富多彩。

我們也想對我們的共同導師 Keith Murnighan 致上最誠摯的感謝，您為我們付出很多，若本書出版時能與您分享，那該有多好。

在此我們同樣要感謝讓《心理摩擦力》一書更鮮活亮眼的團隊。我們想謝謝兩位傑出的平面設計師，為本書打造出強大的視覺語言。書中呈現的整體視覺架構、心理摩擦力報告和其他可供下載的工作表，是由Jarrod Ryhal設計；絕美的封面藝術則是由才華洋溢的設計師Kyle Fletcher創造。他們是非常棒的工作夥伴，能一起合作真是萬分幸運。

我們還要感謝DEY的宣傳團隊，Rimjhim Dey和Andy DeSio，讓心理摩擦力的理論能夠流傳於世。最後，感謝無可取代的Ruthie Seagar，多年來一直以各種方式支持我們。Ruthie為我們所做的一切，我們感激不盡。

最後，我們要向妻子艾琳及艾莉森表達最誠摯的謝意。一路以來，他們提供許多寶貴的意見，並不斷給予建議及支持。謝謝老洛蘭在成稿初期幫忙審閱、提供回饋。也謝謝大衛的兩個乖孩子安妮和泰迪，在老爸寫作期間給足了空間……呃，至少是大部分的時候啦！很高興能和讀者們分享這趟冒險的最終成果。

關於作者

大衛．尚塔爾（David Schonthal）

大衛．尚塔爾是凱洛格管理學院創新與創業學程的得獎教授，他的教學課程包括：新創企業、設計思考、醫療創新及創意發想。他同時也是該校Zell Fellows Program的負責人，這項新創加速器計畫經過精心打造，旨在幫助學生企業家成功開展、收購新的事業。

大衛在凱洛格商學院任教以前，已有超過二十年的創業、設計和創新資歷。他在世界知名的設計公司IDEO工作了十年，目前是醫療保健科技創投公司7Wire Ventures的營運合夥人。大衛同時也是Design for Ventures（D4V）的全球顧問，D4V是一家總部位於東京的初期企業創投公司，他們會提供投資資金給設計導向的日本新創企業。此外，他也是MATTER的聯合創辦人，這是一間位於芝加哥市中心的創新育成中心，占地二萬五千平方英尺，主要是在催化、扶植醫療保健新創企業。大衛和妻小艾琳、安妮和泰迪住在芝加哥市郊。儘管大衛認為自己獨一無二，但他其實是三胞胎的其中一個。

洛蘭・諾格倫（Loran Nordgren）

洛蘭・諾格倫是凱洛格管理學院的教授，他是行為科學家、講師，也是一名實踐者。身為行為科學家的他，致力於探索那股推動或阻礙新點子、新行動的心理力量。洛蘭的研究散見於《科學》等頂尖學術期刊中，並定期在《哈佛商業評論》之類的著名經濟論壇發表意見。為表揚其成果，諾格倫教授獲得實驗心理學理論創新獎的殊榮。

洛蘭開授「組織變革管理」課程，內容是教人如何在自己的組織中創造變革。身為前傅爾布萊特計畫（Fulbright）的學者，他曾兩度獲頒凱洛格管理學院的年度教師獎。而做為一名實踐者，洛蘭與世界各地的公司合作，探查各式各樣的行為改變問題，他將這個過程稱作行為設計（Behavioral Design，詳見Lorannordgren.com）。有個關於洛蘭的小趣聞：他養了一隻名叫伊卡拉斯（Icarus）的大陸龜，期盼這隻烏龜能成為跨代飼養的寵物。

全書資料來源

國家圖書館出版品預行編目資料

心理摩擦力：為何人們抗拒改變？不是你不努力，是你不懂人性阻力 / 大衛 · 尚塔爾 (David Schonthal)，洛蘭 · 諾格倫 (Loran Nordgren) 作；張斐喬譯 . -- 初版 . -- 臺北市：三采文化股份有限公司 , 2023.2　面；　公分 . -- (Trend 80)
譯自：The Human Element：Overcoming the Resistance That Awaits New Ideas.
ISBN 978-626-358-010-7(平裝)

1.CST: 說服 2.CST: 應用心理學
3.CST: 行為改變術

177　　111021622

◎封面圖片提供：
AVIcon ／ Shutterstock.com
◎作者照片提供：
Ben Syverson

suncolor 三采文化集團

Trend 80

心理摩擦力

為何人們抗拒改變？不是你不努力，是你不懂人性阻力

作者｜大衛 · 尚塔爾（David Schonthal）、洛蘭 · 諾格倫（Loran Nordgren）　譯者｜張斐喬
編輯四部 總編輯｜王曉雯　資深編輯｜王惠民　美術主編｜藍秀婷　封面設計｜兒日設計
內頁版型｜李蕙雲　內頁排版｜新鑫電腦排版工作室　校對｜黃薇霓
行銷協理｜張育珊　行銷企劃主任｜陳穎姿

發行人｜張輝明　總編輯長｜曾雅青　發行所｜三采文化股份有限公司
地址｜台北市內湖區瑞光路 513 巷 33 號 8 樓
傳訊｜TEL:8797-1234　FAX:8797-1688　網址｜www.suncolor.com.tw
郵政劃撥｜帳號：14319060　戶名：三采文化股份有限公司
初版發行｜2023 年 2 月 24 日　定價｜NT$460
3 刷｜2023 年 7 月 10 日